H. 15

W0032012

Kleine Bibel für Kinder
Mit Bildern von Sieger Köder

Kleine Bibel für Kinder
Mit Bildern von Sieger Köder

Verlag Katholisches Bibelwerk GmbH, Stuttgart

Die Deutsche Bibliothek – CIP-Einheitsaufnahme

Kleine Bibel für Kinder/
mit Bildern von Sieger Köder.
Stuttgart: Verl. Kath. Bibelwerk, 1996
  ISBN 3-460-28022-0
NE: Köder, Sieger [III.]

ISBN 3-460-28022-0
Alle Rechte vorbehalten
© 1996 Verlag Katholisches Bibelwerk GmbH, Stuttgart
Umschlaggestaltung: Neil McBeath, Kornwestheim
(unter Verwendung einer Bildvorlage von Sieger Köder)
Satz und Reproduktionen: Prisma Fotosatz GmbH, Stuttgart
Druck und Bindung: Druckerei zu Altenburg, Altenburg

Inhalt

6	Vorwort
7	Die Schöpfung
12	Abraham
17	Esau und Jakob
22	Josef und seine Brüder
28	Der Auszug aus Ägypten
36	Am Sinai
41	Glaubenstexte Israels
43	Richter und Könige
52	Natan und Elija
60	Propheten - Gottes Rufer
80	Psalmen
86	Die Herkunft Jesu
87	Die Geburt Jesu
95	Johannes der Täufer und Jesus
103	Wundererzählungen
111	Jesus, Zachäus und die Kinder
115	Die Bergpredigt und das Vater unser
119	Gleichnisse
128	Erzählungen vom Leiden Jesu
139	Erzählungen von Jesu Auferstehung
145	Pfingsten und die ersten Christen in Jerusalem
147	Paulus
154	Aus den Briefen des Paulus
157	Das himmlische Jerusalem
160	Bild- und Textnachweis

Vorwort

Natürlich fallen die Bilder in einer Bibelausgabe als erstes ins Auge. Und wenn sie dann noch von einem inzwischen so bekannten Künstler wie Sieger Köder stammen, dann erst recht. Sechzehn Bilder wurden ausgewählt, acht für das Alte - das Erste - Testament und acht für das Neue Testament. Sie sprechen für sich und möchten anregen, Gelesenes anders wahrzunehmen. Mitunter möchte man ja auch nur einmal schauen. Am Schluß des Buches sind die Bildtitel zu finden.

Vor allem möchte diese „Kleine Bibel für Kinder" aber gelesen werden. Darum wurde auf die Zusammenstellung und Sprache der Texte besonderer Wert gelegt. Der Text ist mitunter frei erzählt, meistens jedoch hält er sich recht genau an den vorgegebenen Text der Einheitsübersetzung. Schließlich wird dieser Text ja im Religionsunterricht und im Gottesdienst verwendet. Wer also in der Bibel sich ein wenig auskennen will, sollte den Text in anderen Zusammenhängen wiedererkennen können.

Die Textauswahl gibt einen ersten Überblick über die gesamte Bibel. Wo es sinnvoll schien, wurden Zusammenhänge durch Überleitungen sichtbar gemacht.

Textauswahl, Textfassung und Überleitungen wurden im Katholischen Bibelwerk, Stuttgart, erarbeitet.

Am Schluß des Buches sind die Autoren genannt.

Und nun viel Freude an dieser „Kleinen Bibel für Kinder"!

Die Schöpfung

Die Bibel ist das Buch, das vom Weg Gottes mit den Menschen erzählt. Seit es Menschen auf der Erde gibt, begleitet sie Gott, auch wenn sie das manchmal vielleicht gar nicht merken. Zunächst haben Menschen sich gegenseitig davon erzählt, später schrieb man alles auf. Das ist nun schon 3000 Jahre her. Und trotzdem lesen wir diese Geschichten bis heute. Nicht weil wir wissen wollen, „wie es damals war", sondern weil wir spüren: Wir können in diesen Geschichten noch heute Wichtiges über Gott, über uns selbst und über unsere Welt erfahren.

In den ersten Geschichten der Bibel geht es um ganz grundsätzliche Fragen, die die Menschen immer wieder beschäftigen: Woher kommt die Welt? Wie ist sie entstanden? Warum gibt es Tag und Nacht? Woher stammt das Leben auf der Erde, vor allem das Leben der Menschen? Warum sind die Menschen immer wieder böse? Warum gibt es Werktage und Sonntage? Gibt es eine Hoffnung auf neues und glückliches Leben, wenn Menschen durch eigene Bosheit Leben zerstören?

Die Bibel beginnt mit den Worten „Im Anfang" und meint damit „damals, heute und morgen". Stets neu schenkt Gott uns die Welt. In der folgenden Erzählung spielen die sieben Tage der Woche mit dem Sabbat als Ruhetag eine wichtige Rolle. Man kann Gott nur loben im Wechsel von Arbeit und Ruhe. Und es wird betont: Gott und Mensch gehören untrennbar zusammen.

Die Erschaffung der Welt und das Paradies

Im Anfang schuf Gott Himmel und Erde. Die Erde war zu dieser Zeit ein Chaos, ohne Ordnung, und überall war Wasser. Finsternis lag über der Urflut, und Gottes Geist schwebte über dem Wasser.

Gott sprach: Es werde Licht. Und es wurde Licht. Und

Gott sah: Das Licht war gut. Er trennte das Licht von der Finsternis und nannte das Licht Tag und die Finsternis Nacht. Das war der erste Tag.

Dann sprach Gott: Ein Gewölbe entstehe mitten im Wasser und trenne Wasser von Wasser. So geschah es. Gott nannte das Gewölbe Himmel. Das war der zweite Tag.

Dann sprach Gott: Das Wasser unterhalb des Himmels sammle sich an einem Ort, damit das Trockene sichtbar werde. So geschah es. Das Trockene nannte Gott Land, das angesammelte Wasser Meer. Und Gott sah: Es war gut so. Dann sprach Gott: Das Land lasse alle Arten von Pflanzen und von Bäumen wachsen. So geschah es. Und Gott sah: Es war gut so. Das war der dritte Tag.

Dann sprach Gott: Lichter sollen am Himmel sein, um Tag und Nacht zu trennen. Sie sollen über die Erde hin leuchten und helfen, Tage, Monate, Jahre und Festzeiten zu bestimmen. So geschah es. Gott machte Sonne, Mond und Sterne. Und Gott sah: Es war gut so. Das war der vierte Tag.

Dann sprach Gott: Das Wasser wimmle von Fischen, und der Himmel wimmle von Vögeln. Und Gott sah: Es war gut so. Gott segnete sie und sprach: Seid fruchtbar, und vermehrt euch. Das war der fünfte Tag.

Dann sprach Gott: Das Land bringe alle Arten von Lebewesen hervor. So geschah es. Und Gott sah: Es war gut so. Dann sprach Gott: Ich will Menschen machen als mein Abbild, mir ähnlich. Gott schuf also den Menschen als sein Abbild. Als Mann und Frau schuf er sie. Gott segnete sie und sprach zu ihnen: Seid fruchtbar, und vermehrt euch, bevölkert die Erde, betrachtet sie als euren Lebensraum. Kümmert euch um die Pflanzen und um die Tiere. Euch und den Tieren gebe ich die Pflanzen zur Nahrung. So geschah es. Und Gott sah alles an, was er gemacht hatte: Es war sehr gut. Das war der sechste Tag. Nun waren Himmel und Erde vollendet.

Am siebten Tag ruhte Gott. Gott segnete den siebten Tag und erklärte ihn für heilig.

Adam und Eva
Die ersten Menschen waren Adam (der aus Erde Gemachte) und Eva (Leben). Sie lebten im Paradiesgarten, den Gott gemacht hatte. Sie sollten den Garten bebauen und hüten. Es gab dort Flüsse mit frischem Wasser, eine Fülle von Pflanzen und die bunte Vielfalt der Tiere. Auch wuchsen dort allerlei Bäume, mit ihren köstlichen Früchten verlockend anzusehen. Gott sprach zu den Menschen: Von allen Bäumen des Gartens könnt ihr essen, doch vom Baum der Erkenntnis von Gut und Böse in der Mitte des Gartens eßt nicht; denn sobald ihr davon eßt, müßt ihr sterben.
Im Paradies lebte auch ein kluges Tier: die Schlange. Sie war klüger als alle anderen Tiere. Sie sagte zu Eva: Hat Gott wirklich gesagt: Ihr dürft von keinem Baum des Gartens essen? Eva antwortete: Von den Früchten der Bäume im Garten dürfen wir essen. Nur von den Früchten des Baumes in der Mitte des Gartens sollen wir nicht essen, sonst sterben wir.
Da sagte die Schlange: Nein, ihr werdet bestimmt nicht sterben. Gott weiß: Sobald ihr davon eßt, werdet ihr klug, ihr werdet wie Gott und erkennt Gut und Böse.
Da schienen Eva die Früchte dieses Baumes besonders köstlich zu sein, und es lockte sie, klug zu werden. Sie nahm von den Früchten und aß; sie gab auch Adam davon, und auch er aß.
Jetzt erkannten sie den Unterschied zwischen Gut und Böse, und sie kamen sich ganz nackt vor. Plötzlich schämten sie sich voreinander. Sie hefteten Feigenblätter zusammen und bedeckten sich damit. Als sie Gott im Garten umhergehen hörten, versteckten sich Adam und Eva vor Gott unter den Bäumen. Gott rief

9

Adam: Wo bist du? Er antwortete: Ich habe dich kommen hören und fürchtete mich vor dir, weil ich nackt bin. Da habe ich mich versteckt. Gott fragte: Wer hat dir gesagt, daß du nackt bist? Hast du von dem Baum gegessen, von dem zu essen ich dich gewarnt habe? Adam antwortete: Eva hat mir von dem Baum gegeben, und da habe ich gegessen. Da sprach Gott zu Eva: Was hast du da getan? Sie antwortete: Die Schlange hat mich verführt, und da habe ich gegessen. So redeten sich beide heraus. Keiner wollte schuld sein. (Wie Adam und Eva sind die Menschen bis heute.)

Da sprach Gott zur Schlange: Weil du das getan hast, sollst du auf dem Bauch kriechen und Staub fressen alle Tage deines Lebens.

Zu Eva sprach er: Nur mit Schmerzen und mit Mühe wirst du Kinder bekommen können. Du wirst dich nach deinem Mann sehnen, aber er wird dich beherrschen.

Zu Adam sprach er: Alle Tage deines Lebens wirst du dich unter großer Anstrengung von dem ernähren müssen, was die Erde hervorbringt. Dann wirst du zur Erde zurückkehren, von der du ja genommen bist. Denn Staub bist du, zum Staub mußt du zurück.

Dann sprach Gott: Der Mensch ist beinahe wie Gott selbst geworden; er erkennt Gut und Böse. Hoffentlich ißt er nicht auch noch vom Baum des Lebens und lebt ewig! Gott vertrieb den Menschen aus dem Garten und stellte am Eingang zum Garten Engel auf. Sie sollten den Weg zum Baum des Lebens bewachen.

Gott war traurig über das Verhalten der Menschen; aber er sorgte weiter für sie. Er machte dem Adam und der Eva Röcke von Fellen und bekleidete sie damit.
(nach Gen 1,1 – 3,24)

Alle wissen es: Wir können gut und böse sein. Wir können aufbauen, aber auch zerstören. Immer gibt es beides

*nebeneinander, in jedem Menschen. So erzählen sich alle
Völker Geschichten, die vom Untergang reden, von der
großen Flut, aber auch von der Rettung. Mag es manchmal so aussehen, als sei das Leben ganz und gar am
Ende: Es gibt einen neuen Anfang...*

Gott rettet Noach

Die Gemeinheit der Menschen auf der Erde wurde immer schlimmer. Gott tat es leid, solche Menschen geschaffen zu haben. Er sagte sich: Ich will alle Menschen
vernichten, und mit ihnen alle Tiere. Nur Noach war
eine Ausnahme. Es gefiel dem Herrn, wie er lebte.
Da sprach Gott zu Noach: Bau dir eine Arche, ein großes
Schiff aus Zypressenholz! Ich will nämlich die Flut über
die Erde bringen und alles vernichten. Dich aber will ich
retten. Von allen Tieren führe zwei in die Arche, damit
sie mit dir am Leben bleiben! Nimm dir von allem Eß-
baren mit, und leg dir einen Vorrat an! Darauf sprach
der Herr zu Noach: Geh in die Arche, du und deine
ganze Familie und alle Tiere. Noach tat alles genau so,
wie Gott es gesagt hatte.
Als sieben Tage vorüber waren, kam das Wasser der Flut
über die Erde. Der Regen ergoß sich vierzig Tage und
vierzig Nächte lang auf die Erde. Das Wasser stieg und
hob die Arche immer höher über die Erde. Da kamen
alle um, Menschen und Tiere. Nur Noach blieb übrig
und was mit ihm in der Arche war.
Nach hundertfünfzig Tagen nahm das Wasser ab. Noach
öffnete das Fenster der Arche und ließ eine Taube hinaus. Sie kehrte zurück, weil sie keinen trockenen Platz
fand. Nach sieben Tagen ließ Noach eine weitere Taube
hinaus. Gegen Abend kam sie zu ihm zurück. In ihrem
Schnabel hatte sie einen frischen Ölzweig. Er wartete
weitere sieben Tage und ließ die Taube noch einmal hinaus. Nun kehrte sie nicht mehr zu ihm zurück, denn sie

hatte für sich einen Ort zum Bleiben gefunden.

Da sprach Gott zu Noach: Komm heraus aus der Arche, du und deine ganze Familie und alle Tiere. Da kam Noach heraus, baute dem Herrn einen Altar und brachte ihm ein Dankopfer dar. Und Gott sprach bei sich: Ich will die Erde nicht noch einmal vernichten, weil die Menschen so schlecht sind. So lange die Erde besteht, sollen Aussaat und Ernte, Kälte und Hitze, Sommer und Winter, Tag und Nacht nicht aufhören. Und zu Noach und zu seiner ganzen Familie sprach Gott: Seid fruchtbar, vermehrt euch, und bevölkert die Erde! Ich schließe meinen Bund mit euch (das heißt: Ihr könnt euch auf mich verlassen, und ich kann mich auf euch verlassen) und mit euren Nachkommen und mit allen Tieren, die mit euch aus der Arche gekommen sind. Und das ist das Zeichen zwischen mir und euch für alle Zeit: Meinen Bogen setze ich in die Wolken. Wenn die Wolken sich bedrohlich zusammenballen und nach dem Unwetter der Regenbogen in den Wolken erscheint, dann wird er mich daran erinnern, was ich dir und deinen Nachkommen und allen Tieren versprochen habe. Und ihr wißt, wenn ihr den Regenbogen seht: Ihr könnt euch auf mich verlassen und braucht keine Angst zu haben.

(nach Gen 6,1 – 9,29)

Abraham

Mit Abraham beginnt in der Bibel eine großartige Weg-Geschichte Gottes mit den Menschen. Abraham, vom Anruf Gottes getroffen, verläßt seine Familie und seine Heimat und vertraut sich ganz Gott an. In einem Traum erfährt er, daß Gott ihm und seinen Nachkommen ein Land geben wird, das ihnen für alle Zukunft gehören soll. Die Nachkommen Abrahams, das Volk Israel mit seinen zwölf

12

Stämmen, hat vor allem eine Aufgabe: Es soll allen ande-
ren Völkern der Erde zeigen, was es bedeutet, Menschen
Gottes und Volk Gottes zu sein. Abraham wird nicht nur
von den Juden und Christen, sondern auch von den
Mohammedanern verehrt. Er gilt als „Vater des Glaubens"
für die Völker. Doch zunächst erst einmal zum Beginn
dieser besonderen Weg-Geschichte.

Abraham, ein Vertrauter Gottes
Abraham stammte aus Ur in Chaldäa, einem Land
zwischen den Flüssen Eufrat und Tigris. Gott sprach zu
Abraham: Zieh weg aus deinem Land, von deiner Ver-
wandtschaft und aus deinem Vaterhaus in das Land,
das ich dir zeigen werde. Ich werde dich zu einem
großen Volk machen, dich segnen und deinen Namen
groß machen. Ein Segen sollst du sein. Ich will segnen,
die dich segnen; wer dir Böses wünscht, der wird von
mir keinen Segen erfahren. Durch dich sollen alle Ge-
schlechter Segen erlangen. Da zog Abraham weg, wie
Gott ihm gesagt hatte, und mit ihm ging auch Lot, sein
Neffe. Abraham war fünfundsiebzig Jahre alt, als er zusammen mit seiner Frau Sara und allen Sachen, die sie
besaßen, fortzog. Sie wanderten nach Kanaan aus, und
als sie zur Stätte von Sichem, zur Orakeleiche kamen,
da erschien Gott dem Abraham und sprach: Deinen
Nachkommen gebe ich dieses Land.
(nach Gen 12, 1-9)

Abraham und Lot
Auch Lot, der Neffe Abrahams, der mit ihm gezogen war,
besaß Schafe und Ziegen, Rinder und Zelte. Das Land
war aber für beide zu klein, denn ihre Herden wurden
immer größer und größer. Jährlich wurden neue Lämmer und Kälber geboren. Es gab so viele Tiere, daß nicht
mehr genügend Futter für alle Tiere vorhanden war.

Zwischen den Hirten Abrahams und den Hirten Lots
kam es daher zum Streit um Weideplätze und Wasser-
stellen. Da sagte Abraham zu Lot: Zwischen mir und dir,
zwischen meinen und deinen Hirten soll es keinen Streit
geben, wir sind doch Brüder. Liegt nicht das ganze Land
vor dir? Trenn dich also von mir! Wenn du zur einen
Seite gehen willst, dann gehe ich zur anderen Seite. Lot
blickte auf und sah, daß die Gegend am Jordan wasser-
reich war wie ein Garten. Da zog er zum Jordan. Er war
sicher, daß er damit die richtige Entscheidung getroffen
hatte.
(nach Gen 13,5-18)

Gott schließt seinen Bund mit Abraham
Gott sprach zu Abraham: Fürchte dich nicht, Abraham,
ich schütze dich; dein Lohn wird sehr groß sein.
Abraham antwortete ihm: Herr, mein Herr, was willst du
mir schon geben? Ich habe doch keine Kinder und bin
schon ein alter Mann. Doch Gott sprach zu ihm: Dir
wird noch ein Sohn geschenkt werden. Und er führte
ihn hinaus und sprach: Sieh zum Himmel hinauf, und
zähl die Sterne, wenn du sie zählen kannst. Und er
sprach zu ihm: So zahlreich werden deine Nachkommen
sein.
Abraham war bereits neunundneunzig Jahre alt, als Gott
ihm erschien. Gott sagte zu ihm: Das ist mein Bund mit
dir: Du wirst Stammvater einer Menge von Völkern. Du
kannst dich darauf verlassen: Dir und deinen Nachkommen werde ich Gott sein. Ich will dir reiche Nach-
kommenschaft schenken. Dir und deinen Nachkommen
gebe ich ganz Kanaan, das Land, in dem du bisher als
Fremder lebst, als Eigentum. Verlaßt euch darauf, du
und deine Nachkommen, Generation um Generation.
(nach Gen 15 und 17)

Gott zu Gast bei Abraham

Ein anderes Mal erschien Gott dem Abraham bei den Eichen von Mamre. Abraham saß gerade zur Zeit der Mittagshitze vor seinem Zelteingang. Er blickte auf und sah vor sich drei Männer stehen. Als er sie sah, lief er ihnen vom Zelteingang entgegen, begrüßte sie und sagte: Wenn ihr meine Freunde seid, dann geht nicht an mir vorbei. Wir wollen etwas Wasser holen, dann könnt ihr euch die Füße waschen und euch unter dem Baum ausruhen. Ich will etwas Brot holen, und ihr könnt dann nach einer kleinen Stärkung weitergehen.

Da lief Abraham eiligst ins Zelt zu Sara, seiner Frau, und rief: Nimm schnell feines Mehl, rühr es an, und backe Brotfladen. Er lief weiter zum Vieh, nahm ein zartes, prächtiges Kalb zum Braten und stellte den Gästen Brot, Milch und das zubereitete Kalb hin.

Als sie gegessen hatten, fragten die Fremden Abraham: Wo ist deine Frau Sara? Dort im Zelt, sagte er. Sie sprachen zu ihm: In einem Jahr kommen wir wieder zu dir, dann wird Sara einen Sohn haben. Sara hörte am Zelteingang hinter seinem Rücken zu. Beide waren sehr verwirrt, als sie die Nachricht erfuhren, denn sie waren so alt, daß sie nicht mehr mit Kindern rechnen konnten. Abraham erinnerte sich daran, was Gott ihm versprochen hatte. Ob es doch wahr würde? Sara lachte still in sich hinein und sagte: Soll ich wirklich noch Kinder bekommen, obwohl ich so alt bin? Soll ich noch das Glück erfahren, Mutter zu werden? Mein Mann ist doch auch schon sehr alt. Die Männer sagten zu Abraham: Warum lacht Sara und sagt: Soll ich wirklich noch Kinder bekommen, obwohl ich so alt bin? Ist denn bei Gott etwas unmöglich? Sara antwortete ihnen: Ich habe nicht gelacht. Sie hatte nämlich Angst. Sie aber sagten: Doch, du hast gelacht. Die Männer erhoben sich von ihrem Platz und schauten sich um. Abraham ging, um sie zu

verabschieden. Er vertraute darauf, daß er und seine
Frau doch noch ein Kind bekommen würden.
(nach Gen 18)

Esau und Jakob

*Der Wunsch Abrahams und Saras wurde wahr: Sie be-
kamen einen Sohn. Sie nannten ihn Isaak, das heißt: Gott
ließ mich lachen. Isaak heiratete später Rebekka. Sie bekamen Zwillinge: Esau und Jakob. Von ihnen handeln die
folgenden Geschichten.*

Esau verkauft sein Erstgeburtsrecht

Isaak gewann seine Frau Rebekka lieb. Doch lange blieben sie ohne Kinder. Endlich wurden ihnen Zwillinge geschenkt. Esau war der Erstgeborene. Er war rötlich und
über und über mit Haaren bedeckt wie mit einem Fell.
Den zweiten Sohn nannten sie Jakob. Die beiden Jungen
wuchsen heran. Esau streifte gerne auf dem freien Feld
herum; er wurde ein großer Jäger. Isaak mochte ihn besonders, denn er aß gerne Wildbraten. Jakob machte
sich lieber bei den Zelten nützlich. Darum liebte ihn seine Mutter Rebekka besonders. Eines Tages kam Esau
erschöpft vom Feld. Jakob hatte ein Gericht aus Linsen
zubereitet. Da sagte Esau zu Jakob: Gib mir doch etwas
zu essen von dem Roten da, ich bin ganz erschöpft.
Jakob gab ihm zur Antwort: Dann verkauf mir sofort dein
Erstgeburtsrecht! Esau erwiderte: Ich sterbe fast vor
Hunger, was soll mir da das Erstgeburtsrecht? Jakob
darauf: Dann schwöre mir jetzt, sofort! Esau schwor es
ihm und verkaufte sein Erstgeburtsrecht an Jakob. Als
er gegessen und getrunken hatte, ging er seines Weges.
Sein Erstgeburtsrecht war ihm nicht so wichtig.
(nach Gen 25,19-34)

Jakob erschleicht Isaaks Segen

Isaak war schon alt. Seine Augen waren immer
schwächer geworden; und jetzt konnte er gar nichts
mehr sehen. Eines Tages rief er seinen älteren Sohn
Esau und sagte zu ihm: Du siehst, ich bin alt geworden.
Ich weiß nicht, wann ich sterbe. Geh' jetzt auf's Feld,
und jage mir ein Wild! Dann bereite mir ein leckeres
Mahl, wie ich es gern habe, und bringe es mir zum
Essen! Dann will ich dich segnen, bevor ich sterbe.
Rebekka hatte das Gespräch belauscht. Sie lief zu Jakob
und erzählte ihm alles. Dann sagte sie: Schnell, hol' mir
zwei schöne Ziegenböckchen! Ich will ein leckeres Mahl
für deinen Vater bereiten. Du bringst es ihm dann zum
Essen, damit er dich vor seinem Tod segnet. Jakob entgegnete seiner Mutter: Mein Bruder ist behaart, und ich
habe eine glatte Haut. Wenn mein Vater mich betastet,
könnte er meinen, ich machte mich über ihn lustig und
ich brächte Fluch über mich statt Segen. Seine Mutter
entgegnete: Das laß meine Sorge sein, ich nehme den
Fluch auf mich, mein Sohn. Da ging Jakob hin, brachte
die Ziegenböckchen, und Rebekka bereitete ein leckeres
Mahl. Dann holte sie die Festtagskleider Esaus und zog
sie ihrem jüngeren Sohn Jakob an. Die Felle der Ziegenböckchen legte sie ihm um seine Hände und um seinen
glatten Hals.
So ging Jakob zu seinem Vater hinein und sagte: Mein
Vater! Er antwortete: Wer bist du, mein Sohn? Jakob
entgegnete: Ich bin Esau, dein Erstgeborener. Setz dich
nun auf, und iß von dem Wildbraten, und dann segne
mich! Da sagte Isaak erstaunt: Wie hast du so schnell
etwas finden können, mein Sohn? Der entgegnete: Gott
hat es mir entgegenlaufen lassen. Darauf sagte Isaak zu
Jakob: Komm näher heran! Ich will dich betasten, ob du
wirklich mein Sohn Esau bist. Jakob trat zu seinem
Vater. Isaak betastete ihn und sagte: Zwar ist die Stimme

Jakobs Stimme, die Hände aber sind Esaus Hände.
Isaak aß von dem Braten, den Jakob ihm gebracht hatte, und trank von dem Wein, den er ihm reichte. Dann sagte er zu Jakob: Komm näher heran, und küß mich, mein Sohn! Jakob trat näher und küßte ihn. Da roch Isaak den Duft der Kleider Esaus, und er segnete Jakob und sagte: Gott schenke dir vom Tau des Himmels und vom Fett der Erde, er schenke dir Korn und Wein in Überfluß. Er möge dich segnen und reich machen.
Kaum hatte Isaak Jakob gesegnet und kaum war Jakob weggegangen, kam sein Bruder Esau vom Feld. Auch er bereitete ein leckeres Mahl, brachte es seinem Vater und sagte ihm: Mein Vater, richte dich auf, und iß, damit du mich segnen kannst! Da fragte ihn sein Vater: Wer bist du? Er antwortete: Ich bin dein Sohn Esau, dein Erstgeborener. Da überkam Isaak ein heftiges Zittern, und er fragte: Wer war es denn, der mir vor dir zum Essen gebracht hat? Ich habe ihn gesegnet, gesegnet wird er auch bleiben. Esau hörte die Worte seines Vaters, er schrie heftig auf, war aufs äußerste verbittert und sagte: Segne auch mich, Vater! Der erwiderte: Dein Bruder hat dir den Segen mit List weggenommen. Da begann Esau laut zu weinen: Segne auch mich, Vater! Und Isaak segnete auch ihn: Fern vom Fett der Erde und vom Tau des Himmels wirst du wohnen. Von deinem Schwert wirst du leben. Deinem Bruder wirst du dienen. Doch eines Tages wirst auch du frei sein.
(nach Gen 27)

Jakobs Traum von der Himmelstreppe
Jakob hatte erreicht, was er wollte. Doch von diesem Tag an haßte ihn sein Bruder Esau. Dunkle Gedanken gingen in seinem Kopf herum, und manchmal sprach er sie aus: Wenn Vater einmal tot ist – dann werde ich den Jakob umbringen.

Als Rebekka davon hörte, bekam sie große Angst. Sie
ließ Jakob zu sich rufen und drängte ihn: Schnell, du
mußt fliehen, denn Esau will sich an dir rächen. Geh
weit weg, zu meinem Bruder Laban. Bleib dort (in
Haran) einige Jahre, bis sich der Zorn deines Bruders
gelegt hat.
So mußte Jakob seine Heimat verlassen, seine Freunde,
seine Verwandten. Er lief weg, einen ganzen Tag, bis die
Sonne unterging. Mutterseelenallein legte er sich zum
Schlafen nieder, auf den warmen Boden. Er suchte sich
einen Stein, um seinen Kopf darauf zu legen, und schlief
ein.
Da hatte er einen Traum: Er sah eine Treppe, die bis
zum Himmel reichte. Auf der Treppe stiegen Engel Gottes
auf und nieder, Boten Gottes. Und er hörte eine Stimme,
Gottes Stimme, die sagte: Ich bin der Gott Abrahams
und der Gott Isaaks. Ich bin auch dein Gott. Ich werde
mit dir sein, ich werde dich beschützen, wohin du auch
gehst. Ich werde dich in dieses Land sicher zurückbringen. Dir und deinen Kindern und ihren Nachkommen
wird dieses Land gehören. Du wirst viele Kinder haben,
ihr werdet ein großes Volk. Ich werde dich nicht verlassen, ich werde halten, was ich dir versprochen habe.
Jakob wachte auf. Ein Schauer überkam ihn: Hier ist
Gott, und ich wußte es nicht. Hier ist Gottes Haus, hier
ist das Tor zum Himmel, hier an diesem einsamen Ort.
Er stand auf, nahm den Stein, auf dem sein Kopf gelegen hatte, und stellte ihn auf. Er gab dem Ort einen Namen: Bet-El, Gottes Haus, so soll dieser Platz heißen.
Und Jakob legte ein feierliches Versprechen ab: Wenn
Gott wirklich mit mir ist, mich behütet, mich wohlbehalten in das Haus meines Vaters heimkehren läßt, dann
will ich aus diesem Stein ein Gotteshaus bauen.
(nach Gen 28,10-22)

Jakobs Kampf

Lange Jahre hatte Jakob bei seinem Onkel Laban verbracht. Er war ein reicher Mann geworden. Er hatte sich zwei der Töchter Labans zu Frauen genommen und mit ihnen zwölf Söhne bekommen. Er hatte seinen Onkel Laban oft betrogen und war auch von ihm betrogen worden. Sie kamen immer schlechter miteinander aus. So nahm er eines Tages seine Frauen und Kinder und seine Herden und machte sich auf den Rückweg in seine Heimat.

Als er den Grenzfluß, den Jabbok, überschreiten wollte, überkam ihn große Angst: Wird mein Bruder Esau sich mit mir versöhnen? Jakob hatte seine Herden, seine Frauen und seine Kinder über den Fluß geschafft. Als er allein als letzter den Fluß überqueren wollte, stellte sich ihm ein Mann in den Weg, ein Unbekannter. Jakob mußte mit ihm kämpfen, die ganze Nacht. Es war ein langer Ringkampf, bis zum Morgen. Als die Morgenröte aufstieg, sagte der Unbekannte: Laß mich los, es wird bald Morgen! Jakob erwiderte: Ich lasse dich nicht los, wenn du mich nicht segnest. Der Unbekannte fragte: Wie heißt du? Ich heiße Jakob, antwortete er. Da sprach der Unbekannte: Man wird dich nicht mehr Jakob nennen, sondern Israel. Denn du hast mit Gott und Menschen gerungen und bist doch Sieger geblieben. Nun fragte Jakob: Nenne mir doch deinen Namen! Der Unbekannte entgegnete: Was fragst du mich nach meinem Namen? Und er segnete ihn. Jakob war tief erschüttert. Er sagte: Ich habe Gott von Angesicht zu Angesicht gesehen und bin doch am Leben geblieben. Der Unbekannte ließ Jakob los. Doch seine Hüfte war ausgerenkt. Jakob hinkte, als er weiterzog. Zugleich ging die Sonne auf.

(nach Gen 32,23-32)

Josef und seine Brüder

Jakob ließ sich im Land Kanaan nieder. Er hatte alle
seine Söhne gern, Josef aber liebte er am meisten. Er
ließ ihm wunderschöne Sachen zum Anziehen machen.
Als seine Brüder das sahen, wurden sie neidisch auf ihn
und sprachen nicht mehr mit ihm.
Einmal hatte Josef einen Traum und erzählte ihn seinen
Brüdern: Stellt euch vor, ich habe geträumt, daß wir auf
einem Feld gemeinsam Getreide ernteten. Jeder von uns
band einen Bund Ähren zu einer Garbe zusammen. Meine Garbe stand aufrecht, und eure Garben kamen und
verneigten sich vor meiner Garbe. Da wurden die Brüder
ärgerlich auf Josef und antworteten böse: Willst du etwa
König über uns werden? Und seine Brüder haßten ihn.
Einmal rief Jakob Josef zu sich und sagte: Josef, deine
Brüder sind nun schon lange fort mit den Herden. Geh
doch, und sieh nach, wie es deinen Brüdern und den
Tieren geht. Josef zog das schönste Gewand an, das er
von seinem Vater bekommen hatte, und ging los.
Seine Brüder sahen ihn schon von weitem. Da kommt ja
unser Träumer! rief einer, und am liebsten hätten sie
ihn umgebracht. Sein Bruder Ruben aber sagte: Wir
dürfen ihn nicht töten, aber wir können ihm ja ein wenig
Angst machen. Wir werfen ihn einfach in das ausgetrocknete Brunnenloch! Ruben dachte nämlich: Vielleicht kann ich Josef später heimlich befreien und zu
unserem Vater zurückbringen. Inzwischen war Josef bei
seinen Brüdern angekommen. Da packten sie ihn, zogen
ihm sein schönes Gewand aus und warfen ihn in das
Brunnenloch.
Als Ruben bei den Herden war, kam eine Karawane von
Kaufleuten vorbei, die nach Ägypten zogen. Da holten
die anderen Brüder Josef aus dem Brunnenloch und
verkauften ihn an die Kaufleute. Dann nahmen sie

Josefs Gewand, bespritzten es mit Blut und schickten es ihrem Vater. Als Jakob das blutbeschmierte Kleid sah, rief er voller Schmerz: Das ist Josefs Kleid, ein wildes Tier hat ihn gefressen! Und er trauerte lange um seinen Sohn, und keiner konnte ihn trösten.

Josef in Ägypten

Die Karawane zog unterdessen mit Josef in die ägyptische Hauptstadt. Dort war auch der Palast des Pharao, der Herrscher über Ägypten war. Er hatte an seinem Palast viele gelehrte Männer, die Minister und Ratgeber waren. Einer von diesen Männern, er hieß Potifar, kaufte Josef den Kaufleuten ab. Mit Gottes Hilfe glückte Josef alles, was er tat. Er hatte bald das Vertrauen Potifars und durfte dessen ganzes Vermögen verwalten.

Josef war auch sehr schön. Deshalb verliebte sich die Frau Potifars in ihn und sagte zu ihm: Komm, leg' dich zu mir! Aber Josef wollte nicht. Da packte sie ihn am Gewand. Josef konnte sich aber losreißen und lief aus dem Haus. Potifars Frau aber hielt Josefs Kleid in der Hand und war wütend darüber, daß Josef ihr nicht gehorcht hatte. Sie schrie laut, und als Potifar nach Hause kam, erzählte sie, daß Josef sich in ihr Bett legen wollte. Potifar glaubte ihr und ließ Josef verhaften und ins Gefängnis werfen.

Aber selbst im Gefängnis half Gott Josef. Josef wurde bald der Vertraute des Gefängnisleiters. Alles, was er tat, glückte ihm. Vielen wichtigen Männern, die im Gefängnis saßen, konnte er die Träume deuten.

Die Träume des Pharao

Einmal hatte der Pharao einen Traum. Er träumte, daß er am Nil stand. (Der Nil ist der größte Fluß in Ägypten.) Aus dem Nil stiegen erst sieben fette Kühe, dann aber sieben magere Kühe. Die sieben mageren Kühe fielen

23

über die fetten her und fraßen sie auf. Danach träumte
der Pharao noch einen zweiten Traum: Er sah eine wunderschöne Getreideähre: An einem einzigen Stiel waren
sieben Ähren versammelt, prall und schön. Daneben
wuchsen sieben vertrocknete Ähren. Die kümmerlichen
Ähren verschlangen die sieben vollen Ähren.

Am nächsten Morgen ließ der Pharao alle Wahrsager
und Weisen Ägyptens rufen. Er erzählte ihnen seine
Träume, doch keiner konnte sie ihm erklären. Da erinnerte sich der Mundschenk des Pharao an Josef, der
ihm einmal im Gefängnis einen Traum erklärt hatte.
Das erzählte er dem Pharao.

Da ließ der Pharao Josef rufen. Er sagte zu ihm: Niemand
kann meine Träume deuten. Aber mein Mundschenk
hat mir erzählt, daß du es vielleicht kannst. Und er
erzählte Josef seine beiden Träume.

Da sagte Josef: Mit den beiden Träumen will dir Gott
das Gleiche sagen: Die sieben fetten Kühe und die sieben
saftigen Ähren, das sind sieben gute Jahre, in denen ihr
viel ernten werdet und eure Rinder fett werden. Die
sieben mageren Kühe und die sieben trockenen Ähren
sind sieben Jahre, in denen es eine Hungersnot geben
wird. Alle Vorräte aus den vorherigen Jahren werdet ihr
in dieser Zeit aufessen. Josef fuhr fort: Wenn ich euch
einen Rat geben darf, so baut große Vorratshäuser. Alle
Leute sollen in den guten Jahren den fünften Teil ihrer
Ernte dort abliefern. Wenn die Hungersnot kommt, habt
ihr so viele Vorräte, daß das Land nicht an Hunger zu-
grundegehen wird.

Josef als Stellvertreter des Pharao

Josefs Rede gefiel dem Pharao und allen Hofleuten, und
sie spürten, daß der Geist Gottes in Josef wohnte. Und
der Pharao nahm seinen Siegelring vom Finger und gab
ihn Josef und sagte: Du sollst von jetzt an mein Stellver-

24

treter sein. Alle sollen dir gehorchen wie mir.

Alles geschah, wie Josef es vorausgesagt hatte. Zuerst kamen sieben Jahre des Überflusses und danach eine siebenjährige Hungersnot. Josef ließ die Vorratsspeicher öffnen und verkaufte Getreide an alle Ägypter, die zu ihm kamen. Auch aus den umliegenden Ländern, in denen ebenfalls Hunger herrschte, kamen die Menschen zu Josef, um Getreide zu kaufen.

Auch die Brüder Josefs und sein Vater Jakob litten Hunger. Jakob hatte aber erfahren, daß es in Ägypten Getreide zu kaufen gab, und schickte seine Söhne dorthin. Nur Benjamin, sein jüngster Sohn, sollte bei ihm bleiben, denn er befürchtete, es könnte ihm ein ähnliches Unglück zustoßen wie damals Josef.

Die Brüder Josefs in Ägypten

Die Brüder machten sich auf den Weg und kamen wohlbehalten in Ägypten an. Weil Josef es war, der das Getreide verkaufte, kamen auch seine Brüder zu ihm. Doch sie erkannten ihn nicht, weil er wie ein Ägypter gekleidet war. Josef aber erkannte sie sofort.

Er fragte sie mit barscher Stimme: Woher kommt ihr? Aus Kanaan, um Getreide zu kaufen, antworteten sie. Aus Kanaan? Ihr seid wohl Spione und wollt unser Land auskundschaften? entgegnete Josef. Da sagten sie: Nein, wir sind zwölf Brüder und leben mit unserem Vater in Kanaan. Der jüngste ist zu Hause beim Vater geblieben, und einer ist nicht mehr bei uns. Da befahl Josef: Werft sie ins Gefängnis! Ich werde das überprüfen, was sie gesagt haben.

Nachdem sie drei Tage im Gefängnis waren, ließ Josef sie wieder zu sich bringen und sagte zu ihnen: Wenn ihr tut, was ich euch jetzt sage, werdet ihr am Leben bleiben: Einer von euch bleibt hier im Gefängnis. Ihr anderen aber geht heim und bringt das Getreide euren Familien, damit sie nicht verhungern. Bringt dann euren jüngsten Bruder zu mir, damit ich sehe, ob ihr die Wahrheit gesagt habt. Dann müßt ihr nicht sterben.

Da sagte Ruben zu seinen Brüdern: Das ist die Strafe für das, was wir damals Josef angetan haben. Habe ich euch damals nicht gesagt, ihr sollt dem Kind nichts antun? Josef hörte alles mit an und mußte weinen. Er drehte sich aber um, damit seine Brüder die Tränen nicht sehen konnten.

Die Brüder Josefs kehrten heim – ohne Simeon, der als Pfand in Ägypten bleiben mußte. Sie erzählten ihrem Vater die ganze Geschichte. Jakob aber wollte Benjamin nicht mit ihnen nach Ägypten lassen.

Nach einiger Zeit aber war das Getreide aufgezehrt, und der Hunger lastete wieder schwer auf ihnen. Da sagte Jakob zu seinen Söhnen: Geht noch einmal nach Ägypten, und kauft uns etwas Brotgetreide! Aber Juda antwortete: Wir können nur Getreide bekommen, wenn wir Benjamin mitbringen. Ich verspreche dir, ich werde ihn beschützen. Da gab Jakob nach.

So machten sich die Brüder zum zweiten Mal auf den Weg. In Ägypten angekommen, traten sie vor Josef hin. Als Josef Benjamin sah, sagte er zu seinem Verwalter: Führe die Männer in mein Haus, sie werden mit mir essen. Die Brüder fürchteten sich und dachten, sie würden abermals ins Gefängnis geworfen.

Als Josef in den Raum trat, fielen alle vor ihm auf den Boden und überreichten ihm ein Geschenk. Josef zeigte auf Benjamin: Das ist wohl euer jüngster Bruder, sagte er. Dann konnte er nicht mehr weiterreden, weil er wieder weinen mußte. Schnell ging er in einen Nebenraum. Dort wusch er sich das Gesicht und kehrte zurück.

Tragt das Essen auf, befahl er den Dienern. Benjamin durfte neben Josef sitzen. Dieser aber trank aus einem silbernen Becher.

26

Nach dem Essen ließ Josef ihre Säcke mit Getreide füllen. In den Sack von Benjamin aber ließ er zuoberst den silbernen Becher legen.

Am anderen Morgen beluden die Brüder ihre Esel mit den Säcken und verließen die Stadt. Sie waren noch nicht weit gekommen, da holte sie der Hausverwalter Josefs ein. Ihr habt Gutes mit Bösem vergolten, rief er, warum habt ihr den Silberbecher meines Herrn gestohlen?

Sie antworteten ihm: Nie würden wir so etwas tun. Öffne doch unsere Säcke, und sieh selbst nach. Bei welchem von uns du den Becher findest, der soll sterben. Jeder der Brüder stellte seinen Sack auf den Boden und öffnete ihn. Der Becher aber war im Sack von Benjamin. Die Brüder waren entsetzt. Sie zerrissen ihre Kleider. Dann beluden sie ihre Esel wieder und kehrten in die Stadt zurück. Sie kamen in Josefs Haus und fielen vor ihm auf die Erde nieder. Josef sagte zu ihnen: Was habt ihr getan? Wußtet ihr nicht, daß ein Mann wie ich wahrsagen kann? Juda antwortete ihm: Was sollen wir sagen? Gott hat unsere Schuld ans Licht gebracht. Mach mit uns, was du willst, wir sind deine Sklaven.

Doch Josef antwortete: Nur der, bei dem der Becher gefunden wurde, soll mein Sklave sein. Ihr anderen aber zieht in Frieden zurück zu eurem Vater!

Da sagte Juda: Herr, unser alter Vater würde vor Kummer sterben, denn er liebt ihn besonders. Darum nehmt mich anstelle des Jüngsten, ich will hierbleiben und euer Sklave werden.

Josef gibt sich zu erkennen

Da konnte sich Josef nicht mehr halten und schickte alle Ägypter aus dem Raum. Er begann zu weinen. Dann sagte er zu seinen Brüdern: Ich bin Josef. Lebt unser Vater noch?

Seine Brüder standen fassungslos vor ihm. Sie verstanden nichts mehr. Kommt doch näher! sagte Josef. Schaut mich an: Ich bin Josef, den ihr nach Ägypten verkauft habt. Aber ihr braucht euch nicht zu fürchten. Denn Gott hat mich hierher geschickt, um viele Menschen, auch euch, vor dem Hungertod zu retten. Josef umarmte alle Brüder, vor allem Benjamin. Dann erzählten sie sich vieles.

Josef beschenkte seine Brüder reich und bat sie, noch einmal heimzuziehen, um auch seinen Vater zu holen. Dieser wollte die Geschichte, die ihm die Brüder erzählten, zuerst nicht glauben: Josef lebt? sagte er ungläubig. Dann will ich nach Ägypten gehen und ihn sehen, bevor ich sterbe.

Und Jakob brach auf mit allem, was ihm gehörte. Josef zog seinem Vater entgegen. Sie fielen sich um den Hals und weinten lange. Der Pharao lud Jakob und seine Söhne in seinen Palast ein und schenkte ihnen Land. Dort siedelten sie und lebten glücklich mit ihren Familien. Jakob segnete alle seine Kinder und die vielen Enkelkinder. Er starb in hohem Alter und wurde in Israel begraben.

(nach Gen 37 – 50)

Der Auszug aus Ägypten

Die Erzählungen um Abraham, Isaak, Jakob, Esau und Josef sind eigentlich Familiengeschichten. Mit Jakob, der dann Israel genannt wird, taucht zugleich der Name eines Volkes auf, das in der Folgezeit eine große Rolle spielte: die Israeliten. Sie wuchsen erst langsam zu einem Volk heran. Eine wichtige Erfahrung war dabei der Auszug aus Ägypten.

Viele Jahre lebten die Israeliten im Lande Ägypten. Sie vermehrten sich und bevölkerten das Land. Da kam in Ägypten ein neuer Pharao an die Macht, der Josef nicht gekannt hatte. Er sagte zu seinem Volk: Seht nur, das Volk der Israeliten ist größer und stärker als wir. Gebt acht! Wir müssen überlegen, was wir gegen sie tun können. Da setzte man Aufseher über sie ein, um sie durch schwere Arbeit unter Druck zu setzen. Sie mußten für den Pharao die Städte Pitom und Ramses als Vorratslager bauen. Die Ägypter gingen hart gegen die Israeliten vor und machten sie zu Sklaven. Sie machten ihnen das Leben schwer durch harte Arbeit mit Lehm und Ziegeln und durch alle möglichen Arbeiten auf den Feldern. Doch je mehr man sie unterdrückte, um so stärker vermehrten sie sich und breiteten sie sich aus. Daher gab der Pharao seinem ganzen Volk den Befehl: Alle Knaben, die den Israeliten geboren werden, werft in den Nil!

Die Geburt des Mose
Eine der Israelitinnnen wurde schwanger und gebar einen Sohn. Weil sie sah, daß es ein schönes Kind war, verbarg sie es drei Monate lang. Als sie es nicht mehr versteckt halten konnte, nahm sie ein Binsenkästchen, dichtete es mit Pech und Teer ab, legte den Knaben hinein und setzte ihn am Nilufer im Schilf aus. Seine Schwester blieb in der Nähe stehen, um zu sehen, was mit ihm geschehen würde. Die Tochter des Pharao kam herab, um im Nil zu baden. Auf einmal sah sie im Schilf das Kästchen. Als sie es öffnete und hineinsah, lag ein weinendes Kind darin. Sie bekam Mitleid mit ihm, und sie sagte: Das ist ein Kind von Israeliten. Da sagte seine Schwester zur Tochter des Pharao: Soll ich zu den Israelitinnen gehen und dir eine Amme rufen, damit sie dir das Kind stillt? Die Tochter des Pharao antwortete ihr: Ja, geh! Das Mädchen ging und rief die Mutter des Kna-

29

ben herbei. Die Tochter des Pharao sagte zu ihr: Nimm das Kind mit, und still es mir! Ich werde dich dafür entlohnen. Die Frau nahm das Kind zu sich und stillte es. Als der Knabe größer geworden war, brachte sie ihn der Tochter des Pharao. Diese nahm ihn als Sohn an und nannte ihn Mose, das heißt: der „Gezogene", denn sie sagte: Ich habe ihn aus dem Wasser gezogen.

Mose flieht nach Midian

Die Jahre vergingen, und Mose wuchs heran. Eines Tages schaute er bei der Fronarbeit zu. Da sah er, wie ein Ägypter einen Israeliten schlug, einen seiner Stammesbrüder. Mose sah sich nach allen Seiten um, und als er sah, daß sonst niemand da war, erschlug er den Ägypter und verscharrte ihn im Sand. Als er am nächsten Tag wieder hinausging, sah er zwei Israeliten miteinander streiten. Er sagte zu dem, der im Unrecht war: Warum schlägst du deinen Stammesgenossen? Der Mann erwiderte: Wer hat dich zum Aufseher über uns bestellt? Willst du mich vielleicht auch umbringen, wie du den Ägypter umgebracht hast? Da bekam Mose Angst und sagte: Die Sache ist also bekannt geworden. Und er floh, fort aus Ägypten in das Land Midian, heiratete dort und bekam Kinder.

Nach vielen Jahren starb der Pharao von Ägypten. Die Israeliten stöhnten immer noch unter der Sklavenarbeit. Sie klagten sehr, Gott aber hörte sie.

Gott erscheint dem Mose

Mose weidete damals die Schafe und Ziegen seines Schwiegervaters Jitro. Eines Tages trieb er das Vieh über die Steppe hinaus. Da erschien ihm Gott in einer Flamme, die aus einem Dornbusch emporschlug. Mose sah, wie da ein Dornbusch brannte und doch nicht verbrannte, und er sagte: „Ich will hingehen und mir das

30

ansehen. Warum verbrennt denn der Dornbusch nicht?"
Als Gott sah, daß Mose näher kam, rief er ihm aus dem
Dornbusch zu: „Komm nicht näher heran! Zieh deine
Schuhe aus, denn der Ort, wo du stehst, ist heiliger
Boden."

Mose zog seine Schuhe aus, und Gott sprach: „Ich bin
da für euch! Ich habe das Elend meines Volkes in Ägypten gesehen, und ihre laute Klage über ihre Antreiber
habe ich gehört. Ich kenne ihr Leid. Ich bin gekommen,
um sie aus Ägypten zu befreien und in ein schönes, weites Land zu führen. Geh, versammle die Ältesten Israels,
und sag ihnen: Der Gott eurer Väter, der Gott Abrahams, Isaaks und Jakobs, ist mir erschienen und hat
mir gesagt: Ich bin da für euch! Ich habe nach euch ge-
schaut und habe gesehen, was man euch in Ägypten antut. Darum habe ich beschlossen, euch aus Ägypten zu
führen in ein schönes, weites Land. Dann geh mit den
Ältesten Israels zum Pharao von Ägypten. Sagt ihm:
Unser Gott ist uns begegnet. Laß uns fortziehen aus
deinem Land."

Mose antwortete: „Was aber, wenn sie mir nicht glauben? Ich habe doch gar nichts in der Hand."

Gott entgegnete ihm: „Was hast du denn da in deiner
Hand?"

Mose sagte: „Einen Stab."

Da sagte Gott: „Schau einmal, was passiert, wenn du
ihn wegwirfst!"

Mose warf ihn auf die Erde. Da wurde der Stab zu einer
Schlange, und Mose fürchtete sich vor ihr.

Dann sagte Gott zu Mose. „Jetzt pack sie am Schwanz!"
Mose packte sie, und sie wurde in seiner Hand wieder
zu einem Stab.

Doch Mose sagte: „Trotzdem kann ich nichts tun!"
Da sagte Gott zu ihm: „Nur wenn du deine Hände nicht
gebrauchst! Versteck deine Hand!"

31

Und Mose legte seine Hand in sein Gewand. Als er sie wieder herauszog, war seine Hand wie verfault.
Dann sagte Gott: „Und jetzt zieh deine Hand noch einmal heraus!"
Als Mose sie jetzt herauszog, sah sie wieder aus wie vorher.
Doch Mose sagte: „Aber gut reden kann ich auch nicht. Das konnte ich noch nie."
Gott antwortete ihm: „Wer hat denn dem Menschen den Mund gegeben? Doch wohl ich, dein Gott! Geh also! Ich werde dir schon sagen, was du reden sollst."
Doch Mose gab nicht nach und sagte: „Bitte, Herr, schick doch einen andern!"
Da wurde Gott zornig über Mose, und er sagte: „Hast du nicht einen Bruder, den Aaron? Er kann reden. Sprich mit ihm! Ich werde euch schon sagen, was ihr tun sollt, und er wird für dich zum Volk reden. Und vergiß deinen Stab nicht!"
Darauf kehrte Mose zu seinem Schwiegervater Jitro zurück. Er sagte zu ihm: „Ich will zu meinen Leuten nach Ägypten zurückkehren." Jitro antwortete Mose: „Geh in Frieden!"
Und Mose holte seine Frau und seine Kinder und ging zurück nach Ägypten. Seinen Stab hatte er in der Hand.

Mose vor dem Pharao
Zusammen mit seinem Bruder Aaron trat Mose vor den Pharao und sprach: „Laß uns fortziehen, uns und unser Volk, aus deinem Land. Wir wollen nur noch unserem Gott dienen." Aber der Pharao weigerte sich und machte die Arbeit für die Israeliten noch schlimmer. Es war eine schlimme Plage. Doch je mehr die Ägypter die Israeliten plagten, desto schlimmer wurde es für sie selbst. Gott war nämlich auf seiten der Israeliten: Erst wurde das Nilwasser schlecht, daß man es nicht mehr trinken

konnte, und die Fische starben. Dann stiegen die Frö-
sche aus dem Nil und bedeckten das ganze Land.
Stechmücken kamen und plagten die Ägypter, und jedes
Haus war voller Ungeziefer. Dann wurde das Vieh krank
und starb. So kam eine Plage nach der anderen. Und
trotzdem wollte der Pharao die Israeliten nicht ziehen
lassen.

Der Auszug
Da sprach Gott zu Mose: Gegen Abend soll die ganze
versammelte Gemeinde Israel Lämmer schlachten. Jede
Familie soll etwas von dem Blut nehmen und damit die
beiden Türpfosten und den Türsturz an ihrem Haus be-
streichen. Noch in der gleichen Nacht sollen alle ihr
Lamm essen. Über dem Feuer gebraten und zusammen
mit ungesäuertem Brot und Bitterkräutern sollen sie es
essen, die Hüften gegürtet, Schuhe an den Füßen, den
Stab in der Hand. Eßt es hastig! In dieser Nacht nämlich
müssen alle Erstgeborenen in Ägypten sterben. Ich halte
Gericht über Ägypten, ich, der Herr. Das Blut an den
Häusern, in denen ihr wohnt, soll ein Zeichen zu eurem
Schutz sein, und das vernichtende Unheil wird euch
nicht treffen. Diesen Tag sollt ihr als Gedenktag begehen. Feiert ihn als Fest zur Ehre des Herrn! Für die
kommenden Generationen macht euch diese Feier zur
festen Regel! Und wenn euch eure Söhne fragen: Was
bedeutet diese Feier?, dann sagt: Es ist die Pascha-Feier,
das heißt: Feier des „Vorübergehens", weil der Herr in
Ägypten an den Häusern der Israeliten vorüberging, als
er die Ägypter mit Unheil schlug. Es war Mitternacht, als
alle Erstgeborenen in Ägypten starben.
Da standen der Pharao, alle seine Diener und alle Ägypter noch in der Nacht auf, und großes Wehgeschrei erhob sich bei den Ägyptern; denn es gab kein Haus, in
dem nicht ein Toter war. Der Pharao ließ Mose und

34

Aaron noch in der Nacht rufen und sagte: Auf, verlaßt
mein Volk, ihr beide und die Israeliten! Geht, und dient
eurem Gott, wie ihr gesagt habt.
Als der Pharao das Volk ziehen ließ, führte sie Gott
durch die Wüste zum Schilfmeer. Gott zog vor ihnen her,
bei Tag in einer Wolkensäule, um ihnen den Weg zu zeigen, bei Nacht in einer Feuersäule, um ihnen zu leuchten. So konnten sie Tag und Nacht unterwegs sein. Die
Wolkensäule wich bei Tag nicht von der Spitze des
Volkes, und die Feuersäule nicht bei Nacht.

Die Rettung

Als man allerdings dem Pharao meldete, das Volk sei geflohen, änderte er seine Meinung wieder und sagte: Wie
konnten wir nur Israel aus unserem Dienst entlassen!
Er ließ seinen Streitwagen anspannen und nahm seine
Leute mit. Sechshundert auserlesene Streitwagen nahm
er mit und alle anderen Streitwagen der Ägypter und drei
Mann auf jedem Wagen. Die Ägypter jagten mit allen
Pferden und Streitwagen des Pharao, mit seiner Reiterei
und seiner Streitmacht hinter ihnen her und holten sie
ein, als sie gerade am Meer lagerten. Als der Pharao sich
näherte, blickten die Israeliten auf und sahen plötzlich
die Ägypter von hinten anrücken. Da erschraken die
Israeliten sehr und schrien zum Herrn. Zu Mose sagten
sie: Warum hast du uns aus Ägypten herausgeführt?
Für uns wäre es immer noch besser, Sklaven der Ägypter
zu sein, als in der Wüste zu sterben. Mose aber sagte zum
Volk: Fürchtet euch nicht! Bleibt stehen, und schaut zu,
wie Gott euch heute rettet. Gott kämpft für euch, ihr
aber könnt ruhig abwarten.
Gott trieb die ganze Nacht das Meer durch einen starken
Ostwind fort. Er ließ das Meer austrocknen, und die
Israeliten zogen auf trockenem Boden ins Meer hinein.
Die Ägypter setzten ihnen nach; alle Pferde des Pharao,

seine Streitwagen und Reiter zogen hinter ihnen ins Meer
hinein. Gott aber blickte auf die Ägypter und brachte
das ganze Heer durcheinander. Er hemmte die Räder an
ihren Wagen und ließ sie nur schwer vorankommen. Da
sagten die Ägypter zueinander: Wir müssen vor Israel
fliehen; denn ihr Gott kämpft auf ihrer Seite gegen uns.
Doch es war zu spät. Gegen Morgen flutete das Meer an
seinen alten Platz zurück, während die Ägypter auf der
Flucht ihm entgegenliefen. Das Wasser kehrte zurück
und bedeckte Wagen und Reiter, die ganze Streitmacht
des Pharao, die den Israeliten ins Meer nachgezogen war.
Nicht ein einziger von ihnen blieb übrig.
So rettete Gott an jenem Tag die Israeliten aus der Hand
der Ägypter. Als die Israeliten sahen, daß Gott sie vor den
Ägyptern gerettet hatte, freuten sie sich und glaubten an
ihn. Die Prophetin Mirjam, die Schwester von Mose und
Aaron, nahm die Pauke in die Hand, und alle Frauen zogen mit Paukenschlag und Tanz hinter ihr her. Mirjam
sang ihnen vor: Singt dem Herrn ein Lied, denn er ist
hoch und erhaben! Rosse und Wagen warf er ins Meer.
(nach Ex 1 – 15)

Am Sinai

Lange waren die Israeliten schon durch die Wüste gewan-
dert. Mose führte sie an. Bei ihm waren einige alte Hirten,
die wußten, wo manchmal Wasser zu finden war. Hinter
ihnen stapften die Frauen mit den Kindern und den Last-
eseln. Viel hatten sie nicht mitnehmen können aus Ägypten.
Die Zelte und Tücher waren schon schwer genug, und die
ganz kleinen Kinder mußten auch bald getragen werden.
Irgendwann hatten sie nichts mehr zu essen. Voller Angst
und Wut wandten sie sich gegen Mose und Aaron.

Brot vom Himmel

Die Israeliten sagten zu ihnen: Ihr habt uns nur in diese Wüste geführt, um uns verhungern zu lassen. Da hätte Gott uns doch gleich in Ägypten sterben lassen können, wo es wenigstens genug Fleisch und Brot zu essen gab. Gott hörte das Klagen der Israeliten und sagte zu Mose: Ich will euch Brot vom Himmel regnen lassen. Das Volk soll hinausgehen und jeden Tag so viel sammeln, wie es für einen Tag braucht. Wenn sie am sechsten Tage sammeln, werden sie feststellen, daß sie doppelt so viel zusammengebracht haben wie an den anderen Tagen. Darum brauchen sie am siebten Tage nichts zu sammeln. Sag ihnen: Am Abend werdet ihr Fleisch zu essen haben. Am Morgen werdet ihr satt sein von Brot. Ihr werdet erkennen, daß ich der Herr, euer Gott, bin.

Da sagten Mose und Aaron zu allen Israeliten: Heute abend sollt ihr erfahren, daß Gott euch aus Ägypten geführt hat und zu euch hält. Er wird euch heute abend Fleisch zu essen geben, und am Morgen wird er euch mit Brot satt machen.

Am Abend ließ sich direkt beim Lager ein Schwarm von Vögeln nieder. Es waren Wachteln, die gebraten sehr gut schmecken. Am Morgen lag auf dem Wüstenboden etwas Feines, Knuspriges. Als die Israeliten das sahen, fragten sie: Man hu ? (das heißt: Was ist das?) Da sagte Mose zu ihnen: Das ist das Brot, das Gott euch zu essen gibt. Sammelt davon so viel, wie jeder zum Essen braucht. Eine Schale voll für jeden. Jeder darf so viele Schalen holen, wie Personen im Zelt sind. Sie nannten das Brot Manna. Es war weiß und schmeckte wie Honigkuchen. Die Israeliten sammelten ein, der eine viel, der andere wenig. Als sie die Schalen zählten, hatten sie für jedes Kind und jede Frau und jeden Mann genau eine Schale voll. Jeder hatte so viel gesammelt, wie seine Familie zum Essen brauchte. Mose sagte zu ihnen: Davon darf bis zum Morgen niemand etwas übriglassen. Doch einige hörten nicht auf Mose und ließen etwas bis zum Morgen übrig. Aber es wurde wurmig und stank. Da geriet Mose in Zorn über sie, weil sie nicht gehorcht hatten.

Sie sammelten Morgen für Morgen, jeder so viel, wie er zum Essen brauchte. Sobald die Sonnenhitze einsetzte, zerging es. Am sechsten Tag fanden sie die doppelte Menge Brot, zwei Schalen für jeden. Das erzählten sie Mose. Er sagte zu ihnen: Es ist so, wie Gott gesagt hat: Morgen ist Feiertag, heiliger Sabbat zur Ehre Gottes. Backt, was ihr backen wollt, und kocht, was ihr kochen wollt. Den Rest bewahrt bis morgen früh auf. Sie bewahrten es bis zum Morgen auf, wie es Mose angeordnet hatte, und es faulte nicht und wurde nicht wurmig. Da sagte Mose: Eßt es heute, denn heute ist Sabbat zur Ehre Gottes. Heute habt ihr, was zum Essen nötig ist; ihr braucht nicht zu sammeln, denn heute findet ihr draußen nichts. Sechs Tage dürft ihr es sammeln, am siebten Tag ist Sabbat, da findet ihr nichts.

Einige gingen trotzdem hinaus, um am siebten Tag zu sammeln, fanden aber nichts. Da sagte Gott zu Mose: Warum gibt es immer noch einige unter euch, die sich weigern, meine Weisung zu befolgen? Ihr seht, Gott hat euch den Sabbat gegeben. Daher gibt er auch am sechsten Tag Brot für zwei Tage. Am siebten Tag verlasse niemand seinen Platz. Die Israeliten ruhten also am siebten Tag.

Dann sagte Mose zu Aaron: Nimm ein Gefäß und schütte eine Schale Manna hinein. Es soll für unsere Kinder und Enkel aufbewahrt werden, damit sie sehen, wie Gott für uns gesorgt hat. Die Israeliten aßen vierzig Jahre lang Manna, bis sie in bewohntes Land kamen.

(nach Ex 16,1-35)

Wasser aus dem Felsen

Immer weiter zogen die Israeliten in der Wüste umher, von einem Rastplatz zum andern. Als sie wieder einmal kein Wasser zum Trinken fanden, gerieten sie schon wieder mit Mose in Streit. Sie sagten: Gib uns Wasser zu trinken! Warum hast du uns überhaupt aus Ägypten hierher geführt? Etwa um uns allesamt mit unserem Vieh verdursten zu lassen? Mose aber antwortete: Was streitet ihr mit mir? Und warum zweifelt ihr daran, daß Gott euch führt? Mose hatte aber selbst Zweifel und rief zu Gott: Was soll ich bloß mit diesem Volk anfangen? Es dauert nicht mehr lange, und sie werden mich steinigen. Gott antwortete: Nimm einige von den Ältesten Israels mit. Dort auf dem Felsen am Berg werde ich vor dir stehen. Dann schlage mit dem Stab an den Felsen! Es wird Wasser herauskommen, und das Volk kann trinken. Mose schlug an den Felsen, und das Wasser strömte heraus. Mose nannte den Ort „Streit und Zweifel", weil die Israeliten Streit begonnen und an Gott gezweifelt hatten: Ist Gott in unserer Mitte oder nicht?
(nach Ex 17,1-7)

Die Zehn Gebote

Immer weiter waren die Israeliten durch die Wüste gezogen. Sie hatten erfahren, daß Gott sie führte und ihnen das gab, was sie zum Überleben brauchten. Nun lagerten sie am Fuß großer Berge mitten in der Wüste Sinai. Zu essen und zu trinken hatten sie genug. Aber Mose sagte, daß Gott ihnen an diesem Ort etwas ganz Besonderes schenken wolle. Es sei etwas, das ihnen den Weg in ein schönes und friedliches Leben zeige. Sie sollten es sorgfältig bewahren...

Gott rief Mose vom Berg her zu: Das sollst du den Israeliten sagen: Ihr habt gesehen, wie ich euch auf Adlerflügeln getragen und bis hierher gebracht habe. Jetzt aber, wenn ihr auf meine Stimme hört und euch ganz auf mich verlaßt, werdet ihr unter allen Völkern einen besonderen Auftrag erhalten. Mir gehört die ganze Erde. Ihr aber sollt mein heiliges Volk sein. Sagt den Israeliten, sie sollen ihre Kleider waschen und sich für den dritten Tag bereit halten. Am dritten Tag nämlich werde ich vor den Augen des ganzen Volkes auf den Berg Sinai herabsteigen. Niemand außer dir, Mose, darf auf den Berg steigen. Sonst muß er sterben.

Am dritten Tag standen die Israeliten vor dem Berg Sinai. Der ganze Berg war in Rauch gehüllt und bebte gewaltig. Den Israeliten war es, als hörten sie den Klang von vielen Hörnern. Dann sagte Gott zu Mose: Ich bin Jahwe, euer Gott, der euch aus Ägypten herausgeführt hat.

Ich habe euch aus der Sklaverei befreit. Darum braucht ihr neben mir keine anderen Götter zu haben. Versucht nicht, ein Gottesbild anzufertigen, das aussieht wie irgend etwas am Himmel oben, auf der Erde unten oder im Wasser. Macht euch nicht abhängig von etwas, das andere wie Götter verehren. Denn ich, Jahwe, bin einzig. Mißbraucht meinen Namen nicht und sprecht ihn nicht gedankenlos aus.

Denkt an den Sabbat, haltet ihn heilig! Sechs Tage könnt ihr arbeiten. Am siebten Tag ist Ruhetag, er ist Gott geweiht. An ihm sollt ihr keine Arbeit tun: ihr nicht und auch nicht eure Kinder und auch nicht eure Diener und auch nicht eure Tiere und auch nicht fremde Menschen, die gerade bei euch wohnen. Denn in sechs Tagen hat Gott Himmel, Erde und Meer gemacht. Am siebten Tag ruhte er. Darum hat Gott den Sabbattag gesegnet und ihn für heilig erklärt.

Ehre deinen Vater und deine Mutter und sorge für sie, damit auch du lange in dem Land lebst, das Gott dir gibt.

Du darfst niemanden ermorden.

Bleibe deiner Frau treu und zerstöre nicht die Liebe anderer Menschen.

Du darfst nicht stehlen.

Du darfst vor Gericht nicht falsch gegen andere Menschen aussagen.

Verlange nicht nach dem Besitz deines Nächsten.

Mose überbrachte den Israeliten die Weisung Gottes. Er sagte: Achtet darauf, daß ihr handelt, wie es Gott euch vorgeschrieben hat. Dann wird es euch gut gehen, und ihr werdet lange leben in dem Land, das ihr in Besitz nehmt.

(nach Ex 19 und 20)

Glaubenstexte Israels

Die Israeliten haben im Laufe ihrer Geschichte ihre Erfahrungen mit Gott auf vielfältige Weise weitergegeben. Öffentliche Feste, Wallfahrten und Gottesdienste, aber auch das gemeinsame Bedenken von Gottes Weggeleit in den Familien waren Anlässe, den Glauben zu bekennen und von den Eltern an die Kinder weiterzureichen. Nicht nur die zehn Gebote prägten das Zusammenleben, sondern auch manche andere Weisungen für den Alltag. Viele Gebräuche sind bei den Juden bis zum heutigen Tag lebendig. Im Folgenden sind einige solcher Texte zusammengestellt.

Mein Vater war ein heimatloser Aramäer

Mein Vater war ein heimatloser Aramäer. Er zog nach Ägypten, lebte dort als Fremder mit wenigen Leuten und wurde dort zu einem großen, mächtigen und zahlreichen Volk. Die Ägypter behandelten uns schlecht, nahmen uns alle Rechte und legten uns harte Sklavenarbeit auf.

Wir schrien zum Gott unserer Väter.

Gott hörte unser Schreien und sah, daß wir keinerlei Rechte hatten, und er sah unsere Sklavenarbeit und unsere Bedrängnis.

Gott führte uns mit starker Hand und hocherhobenem Arm, unter großem Schrecken, unter Zeichen und Wundern aus Ägypten. Er brachte uns an diesen Ort und gab uns dieses Land, ein Land, in dem Milch und Honig fließen.

Und siehe, nun bringe ich hier die ersten Erträge von den Früchten des Landes, das du mir gegeben hast, Gott.
(nach Dtn 26,5-10)

Höre, Israel!

Höre, Israel! Jahwe, unser Gott, Jahwe ist einzig. Darum sollst du den Herrn, deinen Gott, lieben mit ganzem Herzen, mit ganzer Seele und mit ganzer Kraft.

Diese Worte, auf die ich dich heute verpflichte, sollen auf deinem Herzen geschrieben stehen. Du sollst sie deinen Söhnen wiederholen. Du sollst von ihnen reden, wenn du zu Hause sitzt und wenn du auf der Straße gehst, wenn du dich schlafen legst und wenn du aufstehst. Du sollst sie als Zeichen um dein Handgelenk binden. Sie sollen zum Schmuck auf deiner Stirn werden. Du sollst sie auf die Türpfosten deines Hauses und in deine Stadttore schreiben.
(Dtn 6,4-9)

Wenn dich morgen dein Sohn fragt

Wenn dich morgen dein Sohn fragt: „Warum achtet ihr auf die Satzungen, die Gesetze und Rechtsvorschriften, auf die der Herr, unser Gott, euch verpflichtet hat?", dann sollst du deinem Sohn antworten: „Wir waren Sklaven des Pharao in Ägypten, und Gott hat uns mit starker Hand aus Ägypten geführt. Der Herr hat vor

unseren Augen gewaltige, unheilvolle Zeichen und
Wunder an Ägypten, am Pharao und an seinem ganzen
Haus getan. Uns aber hat er dort herausgeführt, um
uns in das Land, das er unseren Vätern versprochen
hatte, hineinzuführen und es uns zu geben. Der Herr
hat uns verpflichtet, alle diese Gesetze zu halten und
ihn zu fürchten, damit es uns das ganze Leben gut geht
und er uns Leben schenkt, wie wir es heute haben. Nur
dann werden wir im Recht sein, wenn wir darauf achten,
dieses ganze Gesetz vor ihm zu halten, wie er es uns zur
Pflicht gemacht hat."
(Dtn 6,20-25)

Nächstenliebe
Du sollst in deinem Herzen keinen Haß gegen deinen
Bruder tragen. Weise deinen Mitbürger zurecht, so wirst
du seinetwegen keine Schuld auf dich laden. An den
Kindern deines Volkes sollst du dich nicht rächen und
ihnen nichts nachtragen. Du sollst deinen Nächsten
lieben wie dich selbst. Ich bin der Herr.
(nach Lev 19,17-18)

Rechtsschutz des Fremden
Einen Fremden sollst du nicht ausbeuten. Ihr wißt doch,
wie es einem Fremden zumute ist; denn ihr selbst seid
Fremde in Ägypten gewesen.
(Ex 23,9)

Richter und Könige

*Nachdem Mose gestorben war, übernahm sein Begleiter
und Nachfolger Josua die Führung der Stämme Israels.
Sie kamen in das „gelobte Land". Es war schwierig, sich
dort niederzulassen, weil schon Menschen in dieser*

Gegend lebten, die zum Teil bessere Waffen und Soldaten hatten als die Israeliten. Häufig kam es daher zu Streit, ja sogar zu Kämpfen und Kriegen mit den Einwohnern, aber auch untereinander. Langsam vermischten sich die Israeliten mit den Bewohnern des Landes, verdrängten sie oder versuchten, sich über die Aufteilung von Gebieten zu einigen. Eine besonders bekannte Erzählung über diese Zeit der Besiedlung des „gelobten Landes" ist die von der wundersamen Eroberung Jerichos: Die Stadtmauern Jerichos stürzten ein, nachdem die Israeliten mehrfach um sie herumgezogen waren.

Immer wenn die Israeliten angegriffen wurden, übernahm ein einzelner die Führung. Diese Leute nannte man „Richter". Bekannte Richter sind: Debora (die zugleich eine Prophetin war) und Barak, Abimelech, Gideon, Simson und Samuel.

Im Laufe der Zeit merkten die Israeliten, daß sie selbst eigentlich noch nicht richtig zusammengefunden hatten. Jeder Stamm hatte seine eigenen Interessen, es gab zu wenig Einigkeit untereinander. Sie hatten z. B. noch kein organisiertes gemeinsames Heer und waren darum den Einwohnern des Landes häufig unterlegen. Immer mehr sehnten sich die Stämme Israels nach Sicherheit zum Leben. So kam bei ihnen der Wunsch nach einem König auf, wie es bei den anderen Völkern üblich war. Allerdings gab es auch andere Stimmen: Es wird schwer sein, einen geeigneten König zu finden, mit dem alle zufrieden sind.

Die Forderung nach einem König

Als der Richter Samuel alt geworden war, setzte er seine Söhne als Richter ein. Doch sie waren nur auf ihren eigenen Vorteil aus. Darum forderte das Volk von Samuel: Setze einen König bei uns ein, der uns regieren soll, wie es bei allen Völkern der Fall ist. Samuel gefiel diese For-

derung nicht. Er betete deshalb zu Gott. Gott sagte zu Samuel: Höre auf die Stimme des Volkes in allem, was sie dir sagen. Denn nicht dich, sondern mich wollen sie nicht mehr: Ich soll nicht mehr ihr König sein. Sie haben mich verlassen und andere Götter verehrt. Warne sie, und sage ihnen, wie es ihnen unter einem König ergehen wird! Samuel sprach zum Volk: Das werden die Rechte des Königs sein, der über euch herrschen wird: Eure Söhne werden vor seinem Wagen herlaufen. Sie müssen seinen Acker pflügen und seine Ernte einbringen. Sie müssen seine Kriegsgeräte und seine Streitwagen anfertigen. Eure Töchter müssen für ihn Salben zubereiten, kochen und backen. Eure besten Felder, Weinberge und Ölbäume wird er euch wegnehmen und seinen Beamten geben. Er wird von euch Geld verlangen, um seine Beamten bezahlen zu können. Eure besten jungen Leute und euer Vieh wird er für sich arbeiten lassen. Ihr werdet seine Untergebenen sein. Dann werdet ihr um Hilfe schreien. Aber Gott wird euch nicht hören.
Das Volk wollte nicht auf Samuel hören. Es sagte noch einmal: Nein, ein König soll über uns herrschen. Wir wollen wie alle anderen Völker sein. Unser König soll unser Richter sein und unsere Kriege führen. Samuel hörte sich alles an und sagte es Gott. Und Gott sagte zu Samuel: Höre auf sie, und setz ihnen einen König ein.
(nach 1 Sam 8,1-22)

So wurde Saul der erste König in Israel. Schon bald zeigte sich, daß er nicht alle Erwartungen erfüllte. Weder die Leute noch Gott waren mit ihm richtig zufrieden. Und eigentlich mußte das ja auch so kommen. Denn: Wo Gott König ist, braucht es keinen menschlichen König. Und wenn es doch einen menschlichen König gibt, dann hätten alle wenigstens wissen müssen: Der eigentliche König in Israel ist und bleibt Gott.

Kein König in Israel hat wirklich die in ihn gesetzten Er-
wartungen erfüllt, weder Saul noch David noch Salomo,
die besonders bedeutsam waren. Mit dem König David
verknüpfen sich die Hoffnungen auf einen König, der
Frieden bringt, am meisten. Er hat Israel bedeutsam ge-
macht. Zwar war auch er ein Mensch mit Fehlern und hat
manchem Schaden zugefügt. Aber er war doch noch einer
der besten Könige, so daß die Leute immer wieder hofften:
Es wird noch einmal ein solcher König kommen.
Angefangen hatte die Geschichte des Königs David mit
einem überraschenden Besuch:

David wird zum König gesalbt

Gott sagte zu Samuel: Nimm Öl, und mach dich auf den
Weg! Ich schicke dich zu Isai in Betlehem. Denn ich ha-
be mir einen von seinen Söhnen als König ausgesucht.
Samuel antwortete: Wie kann ich da einfach hingehen?
Wenn König Saul das erfährt, wird er mich töten. Da
sagte Gott: Nimm ein junges Rind mit, und sag: Ich bin
gekommen, um Gott ein Opfer darzubringen (solche
Tieropfer waren damals üblich). Lade Isai dazu ein. Ich
werde dir dann zeigen, wen du zum König salben sollst.
Samuel lud Isai und die Ältesten von Betlehem zum
Opfer ein. Als sie kamen und er den Eliab, den ältesten
von Isais Söhnen, sah, dachte er: Sicher soll er König
werden. Gott aber sagte zu Samuel: Sieh nicht auf seine
äußere Gestalt. Ich sehe nämlich nicht auf das, worauf
der Mensch sieht. Ich sehe auf das Herz.
Nun rief Isai den Abinadab und brachte ihn zu Samuel.
Dieser sagte: Auch ihn hat Gott nicht erwählt. Isai ließ
Schima kommen. Samuel sagte: Auch ihn hat Gott nicht
erwählt. So ließ Isai sieben seiner Söhne kommen. Aber
Samuel sagte zu Isai: Diese hat Gott nicht erwählt. Und
er fragte Isai: Sind das alle deine Söhne? Er antwortete:
Der jüngste fehlt noch, aber der hütet gerade die Schafe.

Samuel sagte zu Isai: Laß ihn holen. Isai ließ ihn kommen. David war blond, hatte schöne Augen und eine schöne Gestalt. Da sagte Gott: Salbe ihn zum König! Denn er ist es. Samuel nahm das Öl und salbte David im Kreis seiner Brüder. Von diesem Tag an war Gottes Geist mit David.
(1 Sam 16,1-13)

Wie es bei allen wichtigen Leuten der Weltgeschichte geht, so gibt es auch über David eine Menge an Überlieferungen, die die Vorzüge seiner Person herausstreichen. Die Bedeutung, die er später hatte, wird bereits im Kind wirksam gesehen. Das ist heute nicht anders. Das Interesse an Details aus dem Leben wichtiger Persönlichkeiten ist ungebrochen. Solche Überlieferung – das weiß man – hat ihre eigene Art: Sie findet die Bedeutung einer Person wichtiger als die Frage nach der historischen Genauigkeit. Eine solche Erzählung ist die sehr bekannte vom Kampf Davids mit Goliat.

David und Goliat

Die Philister zogen ihre Truppen zum Kampf zusammen. Auch Saul und die Männer Israels sammelten sich. Sie schlugen ihr Lager im Terebinthental auf und traten zum Kampf gegen die Philister an. Die Philister standen an dem Berg auf der einen Seite, die Israeliten an dem Berg auf der anderen Seite. Zwischen ihnen lag das Tal. Da trat aus dem Lager der Philister ein Kämpfer namens Goliat aus Gat hervor. Er war riesengroß. Auf seinem Kopf hatte er einen Helm aus Bronze, und er trug einen schweren Schuppenpanzer aus Bronze. Er hatte bronzene Schienen an den Beinen, und zwischen seinen Schultern hing ein Sichelschwert aus Bronze. Sein Schildträger ging vor ihm her.
Goliat trat vor und rief zu den Reihen der Israeliten

47

hinüber: Warum seid ihr ausgezogen und habt euch zum Kampf aufgestellt? Bin ich nicht ein Philister, und seid ihr nicht Knechte Sauls? Wählt euch einen Mann aus! Er soll zu mir herunterkommen. Wenn er mich im Kampf erschlagen kann, wollen wir eure Knechte sein. Wenn ich ihm aber überlegen bin und ihn erschlage, dann sollt ihr unsere Knechte sein und uns dienen. Als Saul und ganz Israel diese Worte des Philisters hörten, erschraken sie und hatten große Angst. Der Philister kam jeden Morgen und jeden Abend und stellte sich kampfbereit hin – vierzig Tage lang.

Zur Zeit Sauls war Isai, der Vater Davids, schon alt. Die drei ältesten Söhne Isais waren zusammen mit Saul in den Krieg gezogen. David, der jüngste, kehrte öfters vom Hof Sauls nach Betlehem zurück, um die Schafe seines Vaters zu hüten.

Eines Tages sagte Isai zu seinem Sohn David: Nimm für deine Brüder geröstetes Korn und zehn Brote, und lauf damit zu ihnen ins Lager. Sieh nach, ob es deinen Brüdern gut geht, und laß dir ein Pfand als Lebenszeichen von ihnen geben!

David brach am Morgen auf, überließ die Herde einem Wächter, lud die Sachen auf und ging, wie es ihm Isai befohlen hatte. Als er in das Terebinthental kam, rückte das Heer gerade zum Kampf aus.

David legte das Gepäck ab. Er eilte zu seinen Brüdern und fragte, wie es ihnen gehe. Während er noch redete, trat gerade aus den Reihen der Philister Goliat hervor. Er rief wie gewohnt, und David hörte es. Als die Israeliten Goliat sahen, hatten sie alle große Angst vor ihm und flohen. Sie sagten. Goliat kommt doch nur, um Israel zu verhöhnen.Wer ihn erschlägt, den wird der König reich machen. Er wird ihm seine Tochter geben, und seine Familie wird er von allen Steuern befreien. Auch das hörte David.

48

Plötzlich ließ Saul David holen. David sagte zu Saul: Niemand soll wegen des Philisters den Mut sinken lassen. Dein Knecht wird hingehen und mit diesem Philister kämpfen. Saul erwiderte ihm: Du kannst nicht zu diesem Philister hingehen, um mit ihm zu kämpfen; du bist zu jung, er aber ist ein Krieger von Jugend an. Da sagte David zu Saul: Dein Knecht hat für seinen Vater die Schafe gehütet. Wenn ein Löwe oder ein Bär kam und ein Lamm aus der Herde wegschleppte, lief ich hinter ihm her, schlug auf ihn ein und riß das Tier aus seinem Maul. Und wenn er sich dann gegen mich aufrichtete, packte ich ihn an der Mähne und schlug ihn tot. Dein Knecht hat den Löwen und den Bären erschlagen, und diesem Philister soll es genauso ergehen wie ihnen, weil er die Schlachtreihen des lebendigen Gottes verhöhnt hat. Der Herr, der mich aus der Gewalt des Löwen und des Bären gerettet hat, wird mich auch aus der Gewalt dieses Philisters retten.

Da antwortete Saul David: Geh, der Herr sei mit dir. Und Saul zog David seine Rüstung an. Er setzte ihm einen bronzenen Helm auf den Kopf und legte ihm seinen Panzer an, und über die Rüstung hängte er ihm sein Schwert um. David versuchte in der Rüstung zu gehen, aber er war es nicht gewohnt. Darum sagte er zu Saul: Ich kann in diesen Sachen nicht gehen, ich bin nicht daran gewöhnt. Und er legte sie wieder ab, nahm seinen Stock in die Hand, suchte sich fünf glatte Steine aus dem Bach und legte sie in seine Hirtentasche. Die Schleuder in der Hand, ging er auf den Philister zu.

Der Philister kam immer näher an David heran; sein Schildträger schritt vor ihm her. Voll Verachtung blickte der Philister David an; David war noch sehr jung, er war blond und von schöner Gestalt. Der Philister sagte zu ihm: Bin ich denn ein Hund, daß du mit einem Stock zu mir kommst? Und er verfluchte David bei seinen Göttern.

Er rief David zu: Komm nur her zu mir, ich werde dein
Fleisch den Vögeln des Himmels und den wilden Tieren
zum Fraß geben.David antwortete: Du kommst zu mir mit
Schwert, Speer und Sichelschwert, ich aber komme zu dir
im Namen des Herrn der Heere, des Gottes der Schlachtreihen Israels, den du verhöhnt hast. Heute wird dich
der Herr mir ausliefern. Ich werde dich erschlagen. Die
Leichen des Heeres der Philister werde ich noch heute
den Vögeln des Himmels und den wilden Tieren zum
Fraß geben. Alle Welt soll erkennen, daß Israel einen
Gott hat. Auch alle, die hier versammelt sind, sollen erkennen, daß der Herr nicht durch Schwert und Speer
Rettung verschafft. Denn es ist ein Krieg des Herrn, und
er wird euch in unsere Gewalt geben.
Als der Philister weiter vorrückte und immer näher an
David herankam, lief auch David von der Schlachtreihe
der Israeliten aus schnell dem Philister entgegen. Er
griff in seine Hirtentasche, nahm einen Stein heraus,
schleuderte ihn ab und traf den Philister an der Stirn.
Der Stein drang in die Stirn ein, und der Philister fiel
mit dem Gesicht zu Boden. So besiegte David den
Philister mit einer Schleuder und einem Stein. Als die
Philister sahen, daß ihr starker Mann tot war, flohen sie.
Die Männer von Israel und Juda aber griffen an, erhoben das Kriegsgeschrei und verfolgten die Philister.
(nach 1 Sam 17,1-58)

David war Hirte, bevor er zum König auserwählt wurde.
Er wußte, was es heißt, sich um eine Herde zu kümmern.
Als König hatte er sich dann um das ganze Volk Israel zu
sorgen.
Im Buch der Psalmen gibt es ein Lied, das den guten Hir-
ten besingt. Hat David, der viele solche Lieder gedichtet
hat, in diesem Lied vielleicht ausdrücken wollen, daß nur
derjenige König sein kann, der Gott zum Hirten hat?

50

Der gute Hirt
Der Herr ist mein Hirte,
nichts wird mir fehlen.
Er läßt mich lagern auf grünen Auen
und führt mich zum Ruheplatz am Wasser.
Er stillt mein Verlangen;
er leitet mich auf rechten Pfaden,
auf ihn kann ich mich verlassen.

Muß ich auch wandern in finsterer Schlucht,
ich fürchte kein Unheil;
denn du bist bei mir,
dein Stock und dein Stab geben mir Zuversicht.

Du deckst mir den Tisch
vor den Augen meiner Feinde.
Du salbst mein Haupt mit Öl,
du füllst mir reichlich den Becher.
Du wirst mein Leben lang gut zu mir sein.
Im Haus des Herrn darf ich wohnen für lange Zeit.
(Ps 23)

*Nach und nach waren die Israeliten immer unzufriedener
mit ihren Königen. Sie merkten wirklich: Die Könige
brachten nicht nur Frieden und Sicherheit, sondern auch
Krieg und Unfreiheit. Auch Gott gefielen die Könige nicht.
Mitunter kam den Israeliten ihr König ganz unnütz vor.
Sie erinnerten sich an die Warnung, die ihnen schon
Samuel gesagt hatte, und erzählten sich später folgende
Geschichte:*

Die Fabel vom König der Bäume
Einst machten sich die Bäume auf, um sich einen König
zu wählen. Und sie sagten zum Ölbaum: Sei du unser
König! Der Ölbaum sagte zu ihnen: Soll ich mein Öl auf-

51

geben, nur um über die anderen Bäume zu herrschen?
Da sagten die Bäume zum Feigenbaum: Komm, sei du
unser König! Der Feigenbaum sagte zu ihnen: Soll ich
meine süßen Früchte aufgeben, nur um über die anderen
Bäume zu herrschen?
Da sagten die Bäume zum Weinstock: Komm, sei du unser
König! Der Weinstock sagte zu ihnen: Soll ich meinen
Wein aufgeben, nur um über die anderen Bäume zu
herrschen?
Da sagten alle Bäume zum Dornstrauch: Komm, sei du
unser König! Der Dornstrauch sagte zu den Bäumen:
Wollt ihr mich wirklich zu eurem König wählen? Kommt,
findet Schutz in meinem Schatten! (Wer diese Geschichte
hörte, wußte natürlich sofort: Der Dornstrauch kann
doch gar keinen Schatten geben, also kann er auch
nicht König sein!)
(nach Ri 9,8-15)

Natan und Elija

*Die Geschichte der Könige in Israel zeigte immer wieder:
Sie waren Menschen mit Fehlern, keineswegs immer Vor-
bild für andere. Davon erzählt auch die folgende Geschichte. Allerdings gab es auch immer wieder einzelne
Frauen und Männer, die den Königen die Meinung sagten:
wenn sie ungerecht handelten, wenn sie selbst fremde
Götter verehrten oder es zuließen, daß das Volk andere
Götter verehrte. Dazu gehören Natan, Elija und andere.
Man nennt sie Propheten: Das ist ein griechisches Wort
und heißt übersetzt: Gerufene, Rufende, Sprecher, Boten.
Sie hatten keine Angst vor Menschen, wenn sie verkündeten, was Gott einem König oder dem ganzen Volk sagen
wollte. Sie gewannen zunehmend Einfluß in der Öffent-
lichkeit und hielten die Hoffnung wach: Recht und Frieden*

aus Gottes Hand werden einmal auf dieser Welt allgemein Geltung haben.

David und Batseba

Eines Abends spazierte David auf dem Flachdach seines Königspalastes hin und her. Da sah er von oben eine Frau, die badete. Sie war sehr schön. Sofort schickte David einen Diener hin und erkundigte sich nach ihr. Man sagte ihm: Das ist Batseba, die Frau des Urija. Urija war in den Krieg gezogen und kämpfte für David. David ließ Batseba holen, und er schlief mit ihr. Dann kehrte sie in ihr Haus zurück. Einige Zeit später ließ Batseba dem König sagen: Ich bekomme ein Kind von dir.

Nun schickte David einen Brief an seinen Feldherrn: Stelle den Urija dorthin, wo der Kampf am heftigsten ist. Dann zieht euch von ihm zurück, so daß er getroffen wird und den Tod findet. So geschah es. Urija fand den Tod.

Batseba weinte sehr um ihren Mann. Sobald die Trauerzeit vorüber war, ließ David sie in sein Haus holen. Sie wurde seine Frau und gebar ihm einen Sohn. Gott aber gefiel es gar nicht, was David getan hatte.

Er schickte den Propheten Natan zu David. Der sprach: Hör zu, David! In einer Stadt lebten zwei Männer, der eine war reich, der andere arm. Der Reiche besaß viele Schafe und Rinder, der Arme aber besaß nur ein einziges kleines Lamm. Er liebte sein Lamm, und es wurde bei ihm zusammen mit seinen Kindern groß. Eines Tages bekam der reiche Mann Besuch. Er brachte es nicht über sich, eines von seinen eigenen Schafen oder Rindern zu schlachten. Darum nahm er dem Armen das Lamm weg und bereitete es für seinen Besuch zum Essen.

Als David das hörte, wurde er zornig und sagte zu Natan: Wirklich – der Mann, der das getan hat, verdient den Tod!

54

Da sagte Natan zu David: Du selbst bist dieser Mann.
Du bist reich. Du hast alles, was du willst. Du hast Urija
umbringen lassen und dir seine Frau genommen. Du
wirst sehen, daß du und deine Nachkommen vom
Schwert nicht verschont bleiben werden.
David war tief erschrocken und sagte zu Natan: Ich habe
gegen Gott gesündigt.
Als das Kind geboren war, wurde es schwer krank. David
fastete und betete, Tag und Nacht. Bei Nacht legte er
sich sogar auf die bloße Erde. Doch am siebten Tag
starb das Kind. Niemand hatte den Mut, es David zu
sagen. Doch David sah, wie seine Diener miteinander
flüsterten, und merkte daran, daß das Kind tot war.
Da erhob er sich von der Erde, wusch und salbte sich,
wechselte seine Kleider und ging zum Haus Gottes, um
zu beten. Dann kehrte er nach Hause zurück und ver-
langte zu essen.
Nicht lange danach gebar Batseba wieder einen Sohn.
David gab ihm den Namen Salomo.
(nach 2 Sam 11 und 12)

Der Prophet Elija
Viele Jahre später: König Ahab regierte in Israel. Er nahm
sich Isebel zur Frau, die Tochter des Nachbarkönigs.
Isebel verehrte andere Götter, vor allem den Baal. Auch
Ahab diente Baal. Er ließ ihm einen Altar errichten. Er
tat noch vieles andere, was Gott nicht gefiel.
Da rief Gott einen Propheten, er hieß Elija. Elija ging zu
Ahab und sprach zu ihm: Wirklich – von jetzt an sollen
weder Tau noch Regen fallen, es sei denn, ich will es.
Dann sprach Gott zu Elija: Geh weg von hier, und ver-
stecke dich am Bach Kerit östlich des Jordan! Aus dem
Bach sollst du trinken, und ich habe Raben befohlen,
dich dort zu ernähren. Da ging Elija weg und tat, wie
Gott ihm befohlen hatte. Er wanderte zum Bach Kerit

55

und ließ sich dort nieder. Die Raben brachten ihm Brot
und Fleisch am Morgen und ebenso Brot und Fleisch
am Abend, und er trank aus dem Bach. So schenkte
Gott seinem Propheten, was er zum Leben brauchte.
(nach 1 Kön 17,1-7)

Elija auf dem Karmel
Inzwischen gab es im Land eine schlimme Hungersnot.
Zwei Jahre schon hatte es nicht geregnet. Da sprach
Gott zu Elija: Geh zu Ahab! Es soll wieder regnen. Als
König Ahab den Propheten Elija sah, rief er aus: Du hast
Israel ins Verderben gestürzt! Elija entgegnete: Nicht ich
habe Verderben über Israel gebracht. Das hast du getan.
Du hast Gott verlassen und bist fremden Göttern nach-
gelaufen. Doch nun versammle mir das ganze Volk auf
dem Berg Karmel, und hole auch die Propheten des Baal
zusammen!
Ahab gehorchte dem Propheten. Das Volk und alle Propheten des Baal versammelten sich auf dem Berg Karmel. Und Elija trat vor das ganze Volk und rief: Ich allein
bin als Prophet Gottes übriggeblieben. Die Propheten
des Baal aber sind vierhundertundfünfzig. Gebt uns nun
zwei Stiere! Die Propheten des Baal sollen sich einen
auswählen. Sie sollen ihn zerteilen und auf das Holz legen, aber kein Feuer anzünden. Ich werde den anderen
Stier zubereiten, ihn auf das Holz legen und kein Feuer
anzünden. Dann sollt ihr den Namen Baals anrufen, den
ihr verehrt, und ich werde den Namen meines Gottes
anrufen. Der Gott, der Feuer sendet, soll der wahre Gott
sein. Da rief das ganze Volk: Ja, der Vorschlag ist gut!
Zuerst bereiteten die Propheten des Baal den Stier für
das Opfer vor. Dann riefen sie vom Morgen bis zum Mit-
tag den Namen des Baal an und schrien: Baal, erhöre
uns! Sie tanzten und hüpften um den Altar, den sie gebaut hatten. Doch nichts geschah. Um die Mittagszeit

verspottete sie Elija und sagte: Ruft lauter! Vielleicht ist euer Baal beschäftigt oder schläft gerade. Ihr müßt lauter schreien, damit er endlich aufwacht. Die Propheten des Baal schrien weiter mit lauter Stimme. Nach ihrem Brauch ritzten sie sich mit Schwertern und Lanzen wund, bis das Blut an ihnen herabfloß. Sie verfielen in Raserei. Doch nichts geschah, kein Laut, keine Antwort, keine Erhörung.

Nun forderte Elija das Volk auf: Tretet nun zu mir! Elija baute einen Altar. Er legte Holz darauf, zerteilte den Stier und legte ihn auf das Holz. Er ließ dreimal Wasser über den Stier und das Holz gießen. Dann rief Elija: Du Gott unserer Väter, heute sollen alle erkennen, daß du allein Gott bist in Israel! Laß das Volk erkennen, daß du allein der wahre Gott bist, und bewege sein Herz zur Umkehr! Da fiel Feuer vom Himmel und verzehrte den Stier, das Holz und sogar die Steine. Das ganze Volk sah es, fiel auf sein Angesicht nieder und rief: Ja, unser Gott allein ist Gott! Elija aber ließ die Propheten des Baal ergreifen und töten.

Dann stieg Elija zur Höhe des Berges empor und betete zu Gott um Regen. Und Regen fiel über das vertrocknete Land.

(nach 1 Kön 18)

Elija am Horeb

Als Ahab seiner Frau Isebel erzählte, was Elija getan hatte, schickte sie einen Boten zu Elija und ließ ihm sagen: Du mußt sterben! Da geriet Elija in Angst, er lief weg, um sein Leben zu retten. Einen ganzen Tag lang lief er in die Wüste hinein. Dann setzte er sich unter einen Ginsterstrauch und wünschte sich den Tod. Er sagte: Nun ist es genug, mein Gott. Nimm mein Leben; denn ich bin nicht besser als die anderen Menschen. Dann legte er sich unter den Ginsterstrauch und schlief

58

ein. Doch ein Engel rührte ihn an und sprach: Steh auf und iß! Als er um sich blickte, stand neben seinem Kopf Brot, frisch gebacken, und ein Krug mit Wasser. Er aß und trank und legte sich wieder hin. Doch der Engel Gottes rührte ihn zum zweitenmal an und sprach: Steh auf und iß! Du hast noch einen weiten Weg zu gehen. Da stand Elija auf. Er aß und trank. Die Speise hatte ihn gestärkt und erfrischt. Er wanderte vierzig Tage und vierzig Nächte bis zum Gottesberg Horeb.

Dort ging er in eine Höhle, um darin zu übernachten. Da sprach Gott zu ihm: Was willst du hier, Elija? Er sagte: Mit leidenschaftlichem Eifer bin ich für dich eingetreten. Das ganze Volk hat dich verlassen, deine Altäre zerstört und deine Propheten getötet. Ich allein bin übriggeblieben, und nun wollen sie auch mich umbringen. Da sprach Gott: Komm heraus aus der Höhle! Du sollst erfahren, daß ich da bin! Da kam ein starker, heftiger Sturm, der die Berge zerriß und die Felsen zerbrach. Doch Gott war nicht im Sturm. Nach dem Sturm kam ein mächtiges Erdbeben. Doch Gott war nicht im Erdbeben. Nach dem Erdbeben kam ein Feuer. Doch Gott war nicht im Feuer. Nach dem Feuer kam ein sanfter, leichter Wind. Als Elija ihn hörte, hüllte er sein Gesicht in den Mantel, trat hinaus und stellte sich an den Eingang der Höhle.

(nach 1 Kön 19)

So hat Elija gelernt, wer Gott wirklich ist. Gott will nicht Tod und Verderben über seine Feinde, nicht Erdbeben, Feuer oder Zerstörung. Gott will das Herz der Menschen erreichen, leise und unaufdringlich wie ein leichter Wind.

59

Propheten – Gottes Rufer

Die Propheten verkündeten, was Gott seinem Volk und den Herrschern sagen wollte. Sie hatten mitunter großen Einfluß, mußten allerdings auch häufig erfahren, daß sie sich mit ihrer Botschaft die Menschen zu Feinden machten. Gott wählte zu Propheten auch solche aus, die jung waren, ja, die oft sogar nicht einmal gut sprechen konnten. So wurde allen klar, daß die Propheten nicht aus eigener Kraft redeten, sondern daß Gott durch sie sprach. Häufig mußten die Propheten auch schlechte Botschaften mitteilen, die ihnen selbst unangenehm waren und sie zu Außenseitern machten. Aber die Propheten waren eben von Gott gerufen und ganz in seinen Dienst gestellt. Sie konnten nicht anders: Sie sagten den Menschen gute Botschaften, wenn das ihr Auftrag war. Sie sagten ihnen aber auch schlimme Botschaften, wenn Gott sie das so hören ließ.

Jesaja

Im 8. Jahrhundert v.Chr. lebte im Südreich Juda der Prophet Jesaja. Er warnte das Volk und seinen König Ahas davor, sich im Streit mit dem Nordreich Israel mit den Assyrern zu verbünden. Für Juda kündigte er immer wieder Unheil an, weil das Volk nicht mehr auf den Wegen Gottes ging. Daneben finden sich bei Jesaja aber auch Worte der Ankündigung des Heils, die unvergessen blieben.

In den Kapiteln 1 - 39 des Jesajabuches sind uns Worte des Propheten überliefert, die er selbst gesprochen haben mag oder später seine Schüler gesammelt und überliefert haben.

Die Kapitel 40 – 55 setzen voraus, daß Israel sich bereits in der Gefangenschaft der Babylonier befindet (5. Jh. v. Chr.). Ein Prophet, dessen Worte man dem Jesajabuch angegliedert hat, spricht hier im Geiste Jesajas vom bevor-

stehenden rettenden Eingreifen Gottes.
In den Kapiteln 56 – 66 werden die bereits heimgekehrten Israeliten angesprochen.
Das Buch des Propheten Jesaja, wie es heute in der Bibel steht, ist also eine umfangreiche Sammlung von Prophetenworten aus ganz verschiedenen Zeiten und Situationen. Besonders in der Zeit der Gefangenschaft fingen die Israeliten an, immer mehr von einem guten König, einem Herrscher, zu träumen, der seine Macht nach Gottes Willen ausüben würde. Sie sehnten sich nach einem König ganz aus Gottes Hand, der Frieden und glückliches Leben für alle bringen würde. Über ihn sagt der Prophet Jesaja: Gott wird euch einen Retter schicken, einen wirklichen König, wie Gott ihn will: den Messias (das heißt: der Gesalbte). Mit ihm wird Gottes Herrschaft auf dieser Erde anbrechen.

Jerusalem als Mittelpunkt
Am Ende der Tage wird es geschehen:
Viele Völker machen sich auf den Weg, sie sagen:
Kommt, wir ziehen gemeinsam zum Berg des Herrn
nach Jerusalem, wir gehen zum Haus des Gottes Jakob.
Er zeige uns seine Wege, auf seinen Pfaden wollen wir
gehen.
Gott wird Recht sprechen im Streit der Völker.
Dann schmieden sie Pflugscharen aus ihren Schwertern.
Kein Volk führt mehr Krieg gegen das andere.
Kommt, wir wollen unsere Wege gehen im Licht des
Herrn.
(nach Jes 2,1-5)

Das Lied vom Weinberg
Ich will ein Lied singen von meinem geliebten Freund,
ein Lied vom Weinberg.
Mein Freund hatte einen Weinberg

62

auf einer fruchtbaren Höhe.
Er grub ihn um, entfernte die Steine
und bepflanzte ihn mit den besten Weinstöcken.
Er baute mitten darin einen Turm mit einer Kelter.
Er hoffte darauf, daß der Weinberg ihm süße Trauben
brächte,
aber er brachte nur saure Beeren.
Nun sprecht das Urteil, ihr Bürger Jerusalems und ihr
Männer von Juda,
im Streit zwischen mir und dem Weinberg!
Was hätte ich noch machen sollen?
Ich will euch sagen,
was ich jetzt machen werde:
Ich entferne die Hecke,
dann soll das Vieh dort weiden.
Ich reiße die Mauer ein;
dann wird er zertrampelt.
Ich verbiete den Wolken, ihm Regen zu spenden,
zu ödem Land will ich ihn machen.
Ja, der Weinberg des Herrn
ist das Haus Israel,
die Männer von Juda sind die Reben,
die er zur seiner Freude gepflanzt hatte.
Er hoffte auf Gerechtigkeit unter den Menschen –
doch siehe da: Der Rechtlose schreit.
(nach Jes 5,1-7)

Weherufe
Weh euch, die ihr Haus an Haus reiht
und Feld an Feld fügt,
bis kein Platz mehr da ist
und ihr allein im Land wohnt.
Wahrhaftig, alle eure Häuser sollen veröden.
Sie sollen unbewohnt sein.
Weh denen, die das Böse gut und das Gute böse nennen,

die die Finsternis zum Licht und das Licht zur Finsternis
machen,
die das Bittere süß und das Süße bitter machen.
Weh denen, die in ihren eigenen Augen weise sind
und sich selbst für klug halten.
Weh denen, die Helden sind, wenn es gilt, Wein zu
trinken,
und tapfer, wenn es gilt, starke Getränke zu brauen,
die den Schuldigen für Bestechungsgeld freisprechen
und dem Gerechten sein Recht vorenthalten.
Darum: Wie das Feuer die Stoppeln frißt
und wie das Heu in der Flamme zusammensinkt,
so soll ihre Wurzel verfaulen
und ihre Blüte wie Staub aufgewirbelt werden.
Denn sie haben die Weisung des Herrn von sich
gewiesen
und über das Wort des heiligen Gottes gelästert.
(nach Jes 5,8-24)

Der Messias
Das Volk, das im Dunkel lebt,
sieht ein helles Licht;
über denen, die im Land der Finsternis wohnen,
strahlt ein Licht auf.
Du erregst lauten Jubel
und schenkst große Freude.
Man freut sich in deiner Nähe,
wie man sich freut bei der Ernte,
wie man jubelt, wenn Beute verteilt wird.
Denn du zerbrichst das drückende Joch,
das Tragholz auf unserer Schulter und den Stock des
Treibers.
Jeder Stiefel, der dröhnend daherstampft,
jeder Mantel, der mit Blut befleckt ist,
wird verbrannt, wird ein Fraß des Feuers.

Denn uns ist ein Kind geboren,
ein Sohn ist uns geschenkt.
Die Herrschaft liegt auf seiner Schulter,
und man nennt ihn „Wunderbarer Ratgeber",
„starker Gott", „Vater in Ewigkeit", „Fürst des Friedens".
Seine Herrschaft ist groß,
und der Friede hat kein Ende.
Auf dem Thron Davids herrscht er über sein Reich;
er festigt und stützt es durch Recht und Gerechtigkeit,
jetzt und für alle Zeiten.
Der leidenschaftliche Eifer des Herrn wird das vollbringen.
(nach Jes 9,1-6)

Die Ankündigung des messianischen Reiches
Aus dem Stamm Isai wird er kommen.
Und der Geist Gottes wird bei ihm wohnen.
Er wird ein Mensch sein voll Weisheit und Einsicht,
voll Rat und Stärke,
voll Erkenntnis und Gottesfurcht.
Er hilft den Hilflosen und Armen.
Dann wohnt der Wolf beim Lamm,
der Panther liegt beim Böcklein.
Kalb und Löwe weiden zusammen,
ein kleiner Junge kann sie hüten.
Kuh und Bärin freunden sich an,
ihre Jungen liegen beieinander.
Der Löwe frißt Stroh wie das Rind.
Der Säugling spielt vor dem Schlupfloch der Schlange.
Die Menschen tun nichts Böses mehr und begehen kein
Verbrechen,
denn das Land ist erfüllt von der Erkenntnis des Herrn,
so wie das Meer mit Wasser gefüllt ist.
In diesen Tagen wird der Messias aus dem Stamm Isai
dastehen.
Die Völker werden ihn aufsuchen,

und ihr, die ihr jetzt noch in der Gefangenschaft lebt,
werdet in eure Heimat zurückkehren.
Gott wird euch, die ihr in alle Lande verschleppt und
vertrieben worden seid, wieder in Juda sammeln. Er
wird euch zusammenführen von den Enden der Erde.
(nach Jes 11,1-12)

Das Festmahl des messianischen Reiches

Gott wird ein Festmahl geben für alle Völker mit den
feinsten Speisen.
Er beseitigt den Tod für immer.
Gott, der Herr, wischt die Tränen ab von jedem Gesicht.
(nach Jes 25,6-8)

Verheißungen

Die Wüste und das trockene Land sollen sich freuen,
die Steppe soll jubeln und blühen!
Man wird die Herrlichkeit des Herrn sehen,
die Pracht unseres Gottes!
Sagt den Verzagten:
Habt Mut, fürchtet euch nicht!
Seht, hier ist euer Gott!
Er selbst wird kommen und euch retten.
Dann werden die Augen der Blinden geöffnet,
auch die Ohren der Tauben sind wieder offen.
Dann springt der Lahme wie ein Hirsch,
die Zunge des Stummen jauchzt auf.
In der Wüste brechen Quellen hervor,
und Bäche fließen in der Steppe.
Der glühende Sand wird zum Teich
und das durstige Land zu sprudelnden Quellen.
(nach Jes 35,1-7)

In vier Liedern vom Gottesknecht (Jes 42,1-9; 49,1-9; 50,
4-9; 52,13 – 53,12) wird im Buch des Propheten Jesaja
eine geheimnisvolle Gestalt beschrieben, die ganz aus
dem Geist Gottes lebt und auch bereit ist, für andere Leid
zu tragen. Die Deutung dieser Texte von ihrer Entstehung
her ist schwierig. Später hat man das Leidensschicksal
Jesu von diesen Liedern her zu verstehen gesucht. Eines
dieser Lieder lautet so:

Das vierte Lied vom Gottesknecht
Seht, mein Knecht hatte keine schöne und edle Gestalt.
Er sah nicht so aus,
daß wir Gefallen fanden an ihm.
Er wurde verachtet und von den Menschen gemieden,
ein Mann voller Schmerzen,
mit Krankheit vertraut.
Aber er hat unsere Krankheit getragen
und unsere Schmerzen auf sich geladen.
Wir meinten, er sei von Gott geschlagen,
von ihm getroffen und gebeugt.
Doch er wurde durchbohrt wegen unserer Verbrechen,
wegen unserer Sünden zermalmt.
Zu unserem Heil lag die Strafe auf ihm,
durch seine Wunden sind wir geheilt.
Wir hatten uns alle verirrt wie Schafe,
jeder ging für sich seinen Weg.
Doch der Herr lud auf ihn die Schuld von uns allen.
Er wurde mißhandelt und niedergedrückt,
aber er tat seinen Mund nicht auf.
Deshalb gebe ich ihm seinen Anteil unter den Großen,
weil er sein Leben dem Tod preisgab
und sich unter die Verbrecher rechnen ließ.
Denn er trug die Sünden von vielen
und trat für die Schuldigen ein.
(nach Jes 52,13 – 53,12)

Die Beschreibung der Endzeit

So spricht der Herr:
Der Himmel ist mein Thron
und die Erde der Schemel für meine Füße.
Was wäre das für ein Haus,
das ihr mir bauen könntet?
Denn all das hat meine Hand gemacht;
es gehört mir ja schon – Spruch des Herrn.
Freut euch mit Jerusalem!
Jubelt in der Stadt, alle, die ihr sie liebt.
Seid fröhlich mit ihr,
alle, die ihr über sie traurig wart.
Saugt euch satt an ihrer tröstenden Brust,
trinkt und labt euch an ihrem mütterlichen Reichtum!
Denn so spricht der Herr:
Seht her: Wie einen Strom
leite ich den Frieden zu ihr
und den Reichtum der Völker
wie einen rauschenden Bach.
Ihre Kinder wird man auf den Armen tragen
und auf den Knien schaukeln.
Wie eine Mutter ihren Sohn tröstet, so tröste ich euch;
in Jerusalem findet ihr Trost.
(nach Jes 66,1-13)

Micha

Der Prophet Micha war ein jüngerer Zeitgenosse des Jesaja.
Er stammte aus Moreschet, südwestlich von Jerusalem.
Auch er spricht von einem messianischen Herrscher, der
kommen wird.

Der messianische Herrscher

Aber, du, Betlehem-Efrata,
so klein unter den Gauen Judas,
aus dir wird mir einer hervorgehen,
der über Israel herrschen soll.
Sein Ursprung liegt in ferner Vorzeit,
in längst vergangenen Tagen.
Darum gibt der Herr sie preis,
bis die Gebärende einen Sohn geboren hat.
Dann wird der Rest seiner Brüder heimkehren
zu den Söhnen Israels.
Er wird auftreten und ihr Hirt sein
in der Kraft des Herrn,
im hohen Namen Jahwes, seines Gottes.
Sie werden in Sicherheit leben;
denn nun reicht seine Macht
bis an die Grenzen der Erde.
Und er wird der Friede sein.
(nach Mi 5,1-4)

Jeremia

Ein anderer Prophet hieß Jeremia. Er lebte etwa 100 Jahre
später als Jesaja. Jeremia stammte aus einer Priester-
familie. Er wohnte im Dorf Anatot in der Nähe von
Jerusalem und war noch sehr jung.
Gott sprach zu Jeremia: Schon bevor du geboren wurdest, habe ich dich ausgewählt und geheiligt, zum Propheten für die Völker habe ich dich bestimmt. Da sagte
Jeremia: Ach, mein Gott, ich kann doch nicht reden, ich
bin ja noch so jung. Aber Gott sprach: Sag nicht: Ich bin
noch so jung. Das macht mir nichts aus. Wohin ich dich
sende, dahin sollst du gehen. Was ich dir auftrage, das
sollst du verkünden. Fürchte dich nicht, ich bin bei dir!
Und Gott sprach zu Jeremia: Geh und kaufe dir einen
Tonkrug. Nimm einige Älteste des Volkes und einige

Priester mit und geh mit ihnen zum Eingang des Stadttors. Dort verkündige die Worte, die ich dir sage. Du sollst sagen: Hört das Wort Gottes, ihr Könige und Einwohner Jerusalems! So spricht der Gott Israels: Seht, ich bringe Unheil über euch. Denn ihr habt mich verlassen und fremde Götter angebetet. Sogar eure eigenen Kinder habt ihr ihnen geopfert.

Jeremia tat alles so, wie Gott ihm gesagt hatte. Er kaufte den Krug, nahm die Ältesten und Priester mit und ging mit ihnen zum Stadttor. Dort schleuderte er den Krug zu Boden und sprach, was Gott ihm aufgetragen hatte. Und weiter sagte er: So wie dieser Krug in tausend Scherben zerschellt ist, so wird Jerusalem kaputtgehen. Eure Feinde werden die Stadt belagern. Es wird Hunger über euch kommen, und die Stadt wird in Trümmer fallen - genau wie dieser Krug.

Und zum König sagte Jeremia: Sorge für Recht und Gerechtigkeit. Hilf den Armen, den Witwen und Waisen, und vergieße kein Blut. Wenn du das tust, wirst du König bleiben. Hörst du aber nicht auf diese Worte, so schwöre ich dir: Zum Trümmerhaufen wird dann dieser Palast.

Viele haßten Jeremia, weil er solche Dinge sagte. Sie ließen Jeremia verhaften, er wurde gefesselt, geschlagen und an einen Holzbalken gebunden. Dort mußte er einen Tag lang in der brennenden Sonne stehen und eine Nacht in der bitteren Kälte.

Und Jeremia klagte Gott sein Leid: Ich will nicht mehr an dich denken und nicht mehr in deinem Namen sprechen! Keiner mag mich mehr, sie tun mir Böses und wollen sich an mir rächen für das, was ich sage. Sogar meine nächsten Freunde warten darauf, daß es mir schlecht ergeht. Aber in meinem Herzen brennt es wie Feuer! Ich muß deine Worte sprechen, und ich weiß, daß du mir beistehst. Ich hoffe darauf, daß du mich

beschützen wirst, wie du es mir versprochen hast.
Jeremia redete weiter in Gottes Namen. Er wurde noch
häufig ins Gefängnis geworfen, mußte sich verstecken
oder wurde einmal sogar in einen leeren Wasserbrunnen
geworfen. Aber immer wieder wurde Jeremia befreit und
gerettet.
Die Babylonier, ein Volk, das Israel bekriegte, belagerten
Jerusalem viele Monate lang. Niemand konnte mehr
Essen in die Stadt bringen, weil durch die Sperren der
Feinde, die die Stadt umzingelt hatten, nichts mehr
nach Jerusalem transportiert werden konnte. Zuletzt
verhungerten viele Menschen, weil es in der Stadt
nichts mehr zu essen gab. Dann zerstörten die Babylonier Jerusalem und nahmen viele Bewohner mit in ihr
Land in die Gefangenschaft und ließen sie hart für sich
arbeiten.
So traf alles ein, was Gott den Menschen durch Jeremia
sagen ließ.
(nach Jer 1; 19 – 20; 22 u. a.)

Die Tempelrede

Das Wort des Herrn erging an Jeremia: Stell dich an
das Tor des Tempels, und rufe laut: Hört das Wort des
Herrn, ganz Juda, alle, die ihr durch diese Tore kommt,
um Gott zu verehren. So spricht der Gott Israels: Bessert euer Verhalten und euer Tun, dann will ich hier im
Tempel bei euch wohnen. Vertraut aber nicht auf die
trügerischen Worte: Der Tempel des Herrn, der Tempel
des Herrn, der Tempel des Herrn ist hier! Denn nur
wenn ihr euer Tun von Grund auf bessert, wenn ihr bei
Gericht gerecht entscheidet, wenn ihr die Fremden, die
Waisen und Witwen nicht unterdrückt, kein unschul-
diges Blut vergießt und nicht anderen Göttern nach-
lauft, dann will ich hier bei euch wohnen. Ihr handelt
böse in jeder Hinsicht –, und dann kommt ihr, tretet

hier im Tempel vor mein Angesicht und sagt: Wir sind geborgen! Ist dieses Haus denn eine Räuberhöhle?
(nach Jer 7,1-15)

Gott und Götzenbilder
So spricht der Herr:
Gewöhnt euch nicht an den Weg der Völker,
erschreckt nicht vor den Zeichen des Himmels,
auch wenn die Völker vor ihnen erschrecken.
Denn die Götzen der Völker sind nur Holz,
das man im Wald schlägt,
ein Werk aus der Hand des Schnitzers,
mit dem Messer angefertigt.
Er verziert es mit Silber und Gold,
mit Nagel und Hammer macht er es fest, so daß es nicht wackelt.
Sie sind wie Vogelscheuchen im Gurkenfeld.
Sie können nicht reden;
man muß sie tragen, weil sie nicht gehen können.
Der Herr aber ist wirklich Gott,
lebendiger Gott.
Er hat die Erde geschaffen,
durch seine Weisheit den Erdkreis gegründet
und den Himmel darüber gespannt.
Läßt er seine Stimme ertönen,
dann rauschen die Wasser am Himmel.
Er läßt es blitzen und regnen,
er sendet den Wind.
Die Götzenbilder sind Trug,
kein Atem ist in ihnen.
Anders unser Gott,
Schöpfer des Alls ist er.
(nach Jer 10,1-16)

Das Gleichnis vom Töpfer

Das Wort erging vom Herrn an Jeremia: Mach dich auf, und geh zum Haus des Töpfers hinab! Dort will ich dir meine Worte mitteilen.

So ging ich zum Haus des Töpfers hinab. Er arbeitete gerade mit der Töpferscheibe. Wenn das Gefäß, das er in Arbeit hatte, nicht gelang, wie es beim Ton in der Hand des Töpfers vorkommen kann, dann machte er daraus wieder ein anderes Gefäß, ganz wie es ihm gefiel.

Da erging an mich das Wort des Herrn: Kann ich nicht mit euch verfahren wie dieser Töpfer, Haus Israel? Seht, wie der Ton in der Hand des Töpfers, so seid ihr in meiner Hand, Haus Israel.

Bald drohe ich einem Volk oder einem Reich, es auszureißen, niederzureißen und zu vernichten. Kehrt aber das Volk, dem ich gedroht habe, von seinem bösen Tun um, so reut mich das Unheil, das ich ihm zugedacht hatte.

Bald sage ich einem Volk oder Reich zu, es aufzubauen und einzupflanzen. Tut es aber dann, was mir mißfällt, und hört es nicht auf meine Stimme, so reut mich das Gute, das ich ihm zugesagt habe.

Und nun sag zu den Leuten von Juda und zu den Einwohnern Jerusalems: So spricht der Herr: Seht, ich bereite Unheil gegen euch vor und fasse einen Plan gegen euch. Kehrt doch um, ein jeder von seinem bösen Weg, und bessert euer Verhalten und euer Tun!

Aber sie werden sagen: Vergebliche Mühe! Wir wollen unseren eigenen Plänen folgen, und jeder von uns will nach dem Trieb seines bösen Herzens handeln.

Deshalb spricht der Herr: Fragt unter den Völkern, wer je Ähnliches gehört hat. Ganz Abscheuliches hat Israel getan. Weicht denn das Felsgestein von der Landschaft, der Schnee vom Libanon, oder versiegen immerströmende Wasser, sprudelnde Quellen?

74

Mein Volk aber hat mich vergessen; nichtigen Götzen bringt es Opfer dar. Doch ich lasse sie straucheln auf ihren Wegen, den altgewohnten Bahnen, so daß sie auf ungebahnten Pfaden gehen müssen.

Ich will ihr Land zu einem Ort des Entsetzens machen, zum Gespött für immer. Jeder, der dort vorbeikommt, wird sich entsetzen und den Kopf schütteln. Wie der Ostwind zerstreue ich sie vor dem Feind. Ich zeige ihnen den Rücken und nicht das Gesicht am Tag ihres Verderbens.

(nach Jer 18,1-17)

Der neue Bund

So spricht der Herr, der Gott Israels:

Seht, es werden Tage kommen – Spruch des Herrn –, in denen ich mit dem Haus Israel und dem Haus Juda einen neuen Bund schließen werde, nicht wie der Bund war, den ich mit ihren Vätern geschlossen habe, als ich sie bei der Hand nahm, um sie aus Ägypten herauszuführen. Diesen meinen Bund haben sie gebrochen, obwohl ich ihr Gebieter war. Denn das wird der Bund sein, den ich nach diesen Tagen mit dem Haus Israel schließe – Spruch des Herrn: Ich lege mein Gesetz in sie hinein und schreibe es auf ihr Herz. Ich werde ihr Gott sein, und sie werden mein Volk sein. Keiner wird mehr den anderen belehren, man wird nicht mehr zueinander sagen: Erkennt den Herrn!, sondern sie alle, klein und groß, werden mich erkennen – Spruch des Herrn. Denn ich verzeihe ihre Schuld, an ihre Sünde denke ich nicht mehr.

(nach Jer 31,31-34)

Als in Babylon der König Kyrus den Thron bestieg, erlaubte er den Israeliten, wieder nach Jerusalem zurückzukehren.

Viele kehrten zurück, aber einige blieben auch in Baby-
lon, bauten dort Häuser, machten gute Handelsgeschäfte
und wurden reich und angesehen.
Als die Menschen, die heimkehrten, nach Jerusalem ka-
men, sahen sie, daß die ganze Stadt noch in Trümmern
lag. Da begannen sie, die Stadt wieder aufzubauen. Das
Leben war hart und mühsam. Sie spürten: Gott ist mit
uns, er hat uns nicht verlassen. Die Worte, die der Pro-
phet zu uns in der Gefangenschaft gesprochen hat, sind
wahr.
Das Leben war jedoch auch in der folgenden Zeit keines-
wegs nur glücklich. Immer wieder kamen neue Völker und
neue Herrscher, die die Israeliten nicht frei sein ließen.
Dann erinnerten sie sich an ihren alten Traum von einem
Messias, mit dem alles neu sein würde.

Jona

Die Bibel kennt auch eine Erzählung über einen Prophe-
ten: Jona. Die Geschichte von Jona will zeigen, daß Gott
zu allen Völkern gut ist, nicht nur zu seinem Volk Israel.
Darum kommen in dieser Erzählung alle, die nicht zum
Volk Israel gehören, besser weg als Jona selbst. Diese Er-
zählung hat märchenhafte Züge. Ist sie darum weniger
wahr?

Jonas Berufung und Flucht

Das Wort Gottes erging an Jona: Mach dich auf den Weg
und geh nach Ninive, in die große Stadt, und droh ihr
das Strafgericht an! Denn die Leute in dieser Stadt sind
schlecht.
Jona machte sich auf; aber er wollte nach Tarschisch
fliehen, weit weg von Gott. Er ging also zum Hafen Jafo
und fand dort ein Schiff, das nach Tarschisch fahren
sollte. Er bezahlte das Fahrgeld und ging an Bord.
Aber Gott ließ mitten auf dem Meer einen heftigen

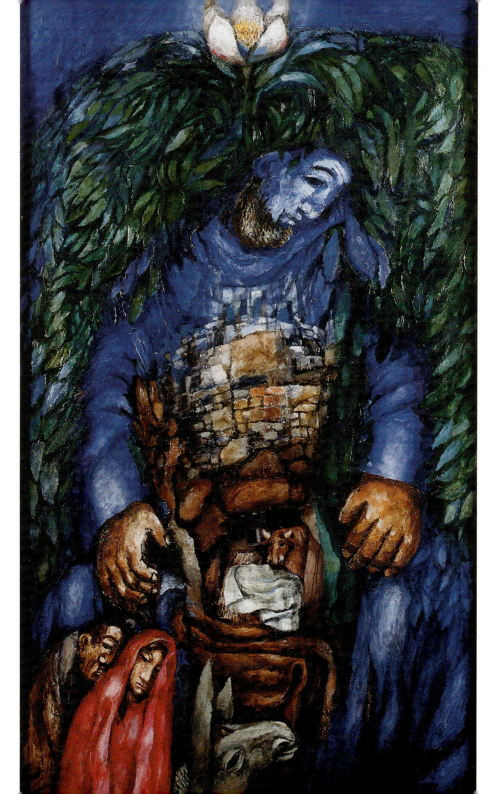

Sturm losbrechen. Er war so gewaltig, daß das Schiff auseinanderzubrechen drohte. Die Seeleute bekamen Angst. Jeder schrie zu seinem Gott um Hilfe. Sie warfen sogar die Ladung ins Meer, um das Schiff zu erleichtern. Jona war in den untersten Raum des Schiffes hinabgestiegen, hatte sich hingelegt und schlief fest. Der Kapitän ging zu ihm und sagte: Wie kannst du schlafen? Steh auf, ruf deinen Gott an, vielleicht denkt er an uns, und wir gehen nicht unter. Dann sagten sie zueinander: Kommt, wir wollen das Los werfen, damit wir wissen, wer an diesem Unheil schuld ist. Das Los fiel auf Jona. Da fragten sie ihn: Sag uns, was treibst du, woher kommst du, aus welchem Land und aus welchem Volk? Er antwortete: Ich bin ein Hebräer und verehre Jahwe, den Gott des Himmels, der das Meer und das Festland gemacht hat. Da bekamen die Männer große Angst und sagten zu ihm: Warum bist du geflohen? Was sollen wir jetzt machen, damit das Meer sich beruhigt? Jona antwortete: Werft mich ins Meer, dann wird es sich beruhigen und euch verschonen. Denn ich weiß: Ich bin schuld an diesem Sturm.

Die Seeleute ruderten mit aller Kraft, um wieder an Land zu kommen. Aber es nutzte nichts. Da riefen sie zu Jahwe, dem Gott Israels: Laß uns nicht untergehen! Rechne uns nicht als Schuld an, wenn wir jetzt Jona ins Meer werfen! Dann nahmen sie Jona und warfen ihn ins Meer, und das Meer hörte auf zu toben. Große Furcht ergriff die Männer vor dem Gott Israels.

Gott aber schickte einen großen Fisch, der Jona verschlang. Drei Tage und drei Nächte war Jona im Bauch des Fisches und betete zu Gott.

Da befahl Gott dem Fisch, Jona ans Land zu speien.

Jona in Ninive

Das Wort Gottes erging zum zweitenmal an Jona: Mach dich auf den Weg und geh nach Ninive, in die große Stadt, und droh ihr das Strafgericht an! Da machte sich Jona auf den Weg und ging nach Ninive. Ninive war eine große Stadt. Einen Tag lang ging Jona in die Stadt hinein und rief: Noch vierzig Tage, und Ninive ist zerstört! Die Leute von Ninive glaubten Gott. Sie riefen ein Fasten aus, alle zogen Bußgewänder an. Auch der König von Ninive legte seinen Königsmantel ab und fastete. Er ließ ausrufen: Befehl des Königs: Alle Menschen und Tiere sollen nichts essen und nichts trinken. Sie sollen laut zu Gott rufen. Jeder soll sich von seinem bösen Tun abwenden. Vielleicht hat Gott ja Mitleid mit uns und läßt uns am Leben. Gott sah es, und er führte seine Drohung nicht aus.

Belehrung des Propheten

Das mißfiel Jona ganz und gar, und er wurde zornig. Er sprach zu Gott: Ach, Gott, habe ich das nicht schon daheim gesagt? Eben darum wollte ich ja nach Tarschisch fliehen. Ich wußte: Du bist ein gnädiger und barmherziger Gott, langmütig und gütig. Du wirst deine Drohung nicht ausführen. Wie stehe ich jetzt da? Nimm mir lieber mein Leben! Gott erwiderte: Ist es recht von dir, zornig zu sein?
Da verließ Jona die Stadt und setzte sich vor der Stadt nieder. Er machte sich ein Laubdach und setzte sich in seinen Schatten, um zu warten, was mit der Stadt geschah. Gott ließ einen Strauch über Jona emporwachsen. Er sollte ihm Schatten spenden und seinen Ärger vertreiben. Jona freute sich darüber. Doch am nächsten Morgen schickte Gott einen Wurm, der den Strauch annagte, so daß er verdorrte. Und als die Sonne aufging, schickte Gott einen heißen Wind. Die Sonne stach Jona

auf den Kopf, er wurde ohnmächtig und wünschte sich den Tod. Gott sprach zu ihm: Ist es recht von dir, wegen des Strauches zornig zu sein? Jona antwortete: Ja, es ist recht, daß ich zornig bin und mir den Tod wünsche! Da sagte Gott: Dir tut der Strauch leid, den du gar nicht großgezogen hast. Über Nacht war er da, über Nacht ist er verdorrt. Da soll mir nicht leid sein um Ninive, die große Stadt, in der mehr als hundertzwanzigtausend Menschen leben, die nicht einmal rechts von links unterscheiden können – und außerdem soviel Vieh?
(nach Jona 1 – 4)

Psalmen

Es gibt ganz unterschiedliche Weisen, von Gott zu sprechen. Man kann erzählen, wie man sich sein Wirken in der Geschichte vorstellt. Man kann überliefern, was wichtige Männer und Frauen Israels – z.B. die Prophetinnen und Propheten – gesagt haben. Man kann aber auch in Gedichten und Liedern von Gott singen. Dann sind die eigenen Gefühle mehr beteiligt. Die Psalmen – es gibt davon 150 – sind Lieder dieser Art. Viele sollen von König David stammen. Wahrscheinlicher ist, daß jede Zeit dazu beigetragen hat, solche Lieder zu dichten. Bei den Psalmen handelt es sich um Loblieder, Klagelieder und Danklieder. Viele von ihnen wurden bei Wallfahrten und Tempelgottesdiensten gesungen. Die Psalmen gehören noch heute zu den wichtigsten Gesängen der Kirche.

Die beiden Wege
Wohl dem, der nicht dem Rat der Bösen folgt,
nicht auf dem Weg der Sünder geht,
nicht im Kreis derer sitzt, die sich über alles lustig machen,
sondern Freude hat an der Weisung Gottes,

über sie nachsinnt bei Tag und bei Nacht.
Er ist wie ein Baum,
der am Wasserbach gepflanzt ist,
der zur rechten Zeit seine Frucht bringt
und dessen Blätter nicht welken.
Alles, was er tut,
wird ihm gut gelingen.
Nicht so die Bösen:
Sie verwehen im Wind.
Sie werden im Gericht nicht bestehen
und nicht in der Gemeinde der Gerechten.
Denn Gott kennt den Weg der Gerechten,
der Weg der Bösen aber führt in den Abgrund.
(Ps 1)

Die Herrlichkeit des Schöpfers – die Würde des Menschen

Gott, unser Herrscher,
wie gewaltig ist dein Name auf der ganzen Erde;
über den Himmel herrschst du.
Aus dem Mund der Kinder und Säuglinge schaffst du dir
Lob, deinen Gegnern zum Trotz;
deine Feinde müssen verstummen.
Seh' ich den Himmel, das Werk deiner Finger,
Mond und Sterne, die du befestigt:
Was ist dann der Mensch, daß du an ihn denkst,
des Menschen Kind, daß du dich seiner annimmst?
Du hast ihn nur wenig geringer gemacht
als du selbst bist,
du hast ihn mit Herrlichkeit und Ehre gekrönt.
Du hast ihn als Herrscher eingesetzt über das Werk
deiner Hände,
hast ihm alles zu Füßen gelegt:
Alle die Schafe, Ziegen und Rinder
und auch die wilden Tiere,

die Vögel des Himmels und die Fische im Meer,
alles, was im Meer dahinzieht.
Gott, unser Herrscher,
wie gewaltig ist dein Name auf der ganzen Erde!
(Ps 8)

Die Gemeinschaft mit Gott
Gott ist mein Licht und mein Heil:
Vor wem sollte ich mich fürchten?
Vor wem sollte ich Angst haben?
Kommen Böse auf mich zu,
um mich zu verschlingen,
sie müssen fallen.
Mag ein ganzes Heer mich belagern:
Mein Herz wird nicht verzagen.
Mag Krieg um mich herum toben:
Ich bleibe voller Zuversicht.
Nur eines erbitte ich von Gott,
danach verlangt mich:
Im Haus Gottes zu wohnen
alle Tage meines Lebens,
die Freundlichkeit Gottes zu schauen
und nachzusinnen in seinem Tempel.
Denn er beschützt mich in seinem Haus
am Tag des Unheils;
er gewährt mir Schutz in seinem Zelt,
er hebt mich auf einen Felsen, auf dem ich sicher bin...
Du wurdest meine Hilfe.
Verstoß mich nicht, verlaß mich nicht,
du Gott meines Heiles!
Wenn mich auch Vater und Mutter verlassen,
Gott nimmt mich auf...
Hoffe auf Gott, und sei stark!
Hab festen Mut, und hoffe auf Gott!
(nach Ps 27)

Bitte in tiefer Not

Aus der Tiefe rufe ich, Gott, zu dir:
Gott, höre meine Stimme!
Wende dein Ohr mir zu,
achte auf mein lautes Flehen!
Würdest du, Gott, unsere Sünden beachten,
Gott, wer könnte dann noch bestehen?
Doch bei dir ist Vergebung,
damit man in Ehrfurcht dir dient.
Ich hoffe auf Gott, es hofft meine Seele,
ich warte voll Vertrauen auf sein Wort.
Meine Seele wartet auf Gott
mehr als die Wächter auf den Morgen.
Mehr als die Wächter auf den Morgen
soll Israel harren auf Gott!
Denn Gott ist uns zugeneigt,
bei ihm ist Rettung in Fülle.
Ja, er wird Israel erlösen
von all seinen Sünden.
(Ps 130)

Heimweh nach dem Zion in der Verbannung

An den Strömen von Babel,
da saßen wir und weinten,
wenn wir an Zion dachten.
Wir hängten unsere Harfen
an die Weiden in jenem Land.
Die uns besiegt hatten, verlangten dort von uns Lieder,
sie forderten Jubel:
Singt uns Lieder vom Zion!
Wie könnten wir singen die Lieder Gottes,
fern, auf fremder Erde?
Wenn ich dich je vergesse, Jerusalem,
dann soll mir die rechte Hand verdorren.
Die Zunge soll mir am Gaumen kleben,

wenn ich an dich nicht mehr denke,
wenn ich Jerusalem nicht zu meiner höchsten Freude
erhebe.
(nach Ps 137)

Das große Halleluja
Halleluja!
Lobet Gott in seinem Heiligtum,
lobt ihn in seiner mächtigen Burg!
Lobt ihn für seine großen Taten,
lobt ihn in seiner gewaltigen Größe!
Lobt ihn mit dem Schall der Hörner,
lobt ihn mit Harfe und Zither!
Lobt ihn mit Pauken und Tanz,
lobt ihn mit Flöten und Saitenspiel!
Lobt ihn mit hellen Zimbeln,
lobt ihn mit klingenden Zimbeln!
Alles, was atmet,
lobe Gott!
Halleluja!
(Ps 150)

Die Herkunft Jesu

An dieser Stelle ist es angebracht, einen kleinen Rückblick
zu halten:
Die Geschichte Gottes mit seinem Volk Israel und mit den
Menschen überhaupt war ja keineswegs zu Ende.
Sie hatte begonnen mit der Verheißung an Abraham: Ich
werde dich segnen. Durch dich sollen alle Völker der Erde
Segen erlangen.
Im Laufe der Zeit hatte Gott immer wieder Menschen ausgewählt, die diese Verheißung des Segens weitertragen
sollten. Jakob hatte erfahren, daß Gott zu ihm steht trotz
seiner Schuld. Mose hatte das Volk in das verheißene
Land geführt. Dort durfte es mit Gott leben: in gegenseiti-
gem Vertrauen. Allerdings hatten sich das Volk Israel und
seine Herrscher nicht immer als treu erwiesen. David war
von Gott erwählt worden, als König das Volk zu führen.
Ihm hatte Gott versprochen: Einen Nachkommen aus deinem Haus will ich auf deinen Thron setzen, einen Herrscher ganz nach meinem Willen.
Viele Propheten hatten das Volk ermahnt und an Gottes
Verheißungen erinnert. Sie hatten das Volk gemahnt:
Bleibt Gott treu! Sie hatten auch gedroht: Wenn ihr nicht
auf Gott hört, wird er euch aus dem Land vertreiben, das
er euch geschenkt hat. Er wird den Tempel und die ganze
Stadt Jerusalem untergehen lassen. Aber das Volk wollte
sich nicht bekehren.
Da war das Unheil hereingebrochen, wie Gott es ange-
droht hatte. Feinde hatten Jerusalem zerstört und die Einwohner in die Gefangenschaft nach Babylon vertrieben.
Aber Gott hatte Israel nicht vergessen. Es blieb sein er-
wähltes Volk. Gott hatte erneut Propheten geschickt. Sie
sollten den Menschen Hoffnung geben: Ihr werdet wieder
heimkehren und in eurem Lande wohnen. Und sie hatten
verheißen: Einmal wird der Messias kommen.

Viel später – da kam ein Prophet: Johannes der Täufer.
Er konnte endlich sagen: Mitten unter euch steht er, den
ihr nicht kennt.
Für viele Menschen wurde Jesus zum Retter.
Sie sagten: Er ist der Messias, auf den wir so lange ge-
wartet haben.

Die Geburt Jesu

Mitten unter euch steht einer, den ihr nicht kennt: Jesus.
Zunächst war er ganz unbekannt, doch dann hat er die
Welt verändert.
Als Jesus geboren wurde, regierte in Rom ein Kaiser mit
Namen Augustus. Die einfachen Menschen in Israel, die
Bauern, Fischer, Hirten und Handwerker mit ihren Famili-
en, hatten damals ein schweres Leben. Sie wurden von
einem mächtigen und grausamen König regiert, Herodes
dem Großen, der mit den Römern gemeinsame Sache
machte. Ihm und den Römern mußten die Menschen da-
mals so hohe Steuern zahlen, daß sie kaum noch etwas
zum Leben hatten. In dieser Not beteten die Menschen
häufig zu Gott, ihnen endlich Hilfe, einen Retter, den Mes-
sias zu schicken.
Da geschahen folgende wunderbaren Dinge:

Verheißung der Geburt des Täufers

Eine alte Frau mit Namen Elisabet, die aus einer prie-
sterlichen Familie stammte, war mit einem Mann namens Zacharias, der ebenfalls Priester war, schon lange
Zeit verheiratet. Elisabet und ihr Mann lebten so, wie es
vor Gott gut ist. Nur eines fehlte: Obwohl sie immer darum gebetet hatten, hatten sie keine Kinder bekommen.
Darüber waren sie sehr traurig.
Als nun Zacharias einmal im Tempel seinen Dienst als

Priester verrichtete, erschien ihm ein Engel Gottes und sagte: Fürchte dich nicht, Zacharias! Dein Gebet ist erhört worden. Deine Frau Elisabet wird einen Sohn bekommen; dem sollst du den Namen Johannes geben. Gott hat etwas Großes mit ihm vor: Er wird das Volk für den Herrn bereit machen.

Zacharias aber entgegnete: Wie soll ich dir das glauben? Das geht doch gar nicht! Ich bin ein alter Mann, und auch Elisabet ist schon alt. Wie sollen wir beide noch ein Kind bekommen? Da sprach der Engel: Ich bin Gabriel, ein Engel Gottes. Ich bin zu dir gesandt worden, um mit dir zu reden und dir diese frohe Botschaft zu bringen. Aber weil du meinen Worten nicht geglaubt hast, sollst du stumm sein bis zu dem Tag, an dem all das eintrifft, was ich dir gesagt habe.

Zacharias konnte tatsächlich nicht mehr sprechen und war seit der Begegnung mit dem Engel stumm. Als sein Dienst im Tempel von Jerusalem zu Ende war, kehrte er nach Hause zurück. Seine Frau Elisabet wurde tatsächlich schwanger. Sie freute sich auf das Kind und sagte: Gott hat mir geholfen. Endlich schaut niemand mehr auf mich herab, weil ich noch keinen Sohn geboren habe.

Verheißung der Geburt Jesu

Während Elisabet und Zacharias auf die Geburt ihres Kindes warteten, wurde der Engel Gabriel noch einmal zu einer Frau, und zwar zu Maria, der Cousine Elisabets, geschickt. Sie lebte in Nazaret und war mit Josef, einem Nachkommen des Königs David, verlobt. Im Gegensatz zu Elisabet war sie noch sehr jung. Der Engel trat zu Maria und sprach: Sei gegrüßt, Maria, Gott ist mit dir. Du brauchst dich vor mir nicht zu fürchten. Ich will dir sagen: Gott hat etwas Großes mit dir vor: Du wirst ein Kind empfangen, einen Sohn wirst du zur Welt bringen, dem sollst du den Namen Jesus geben. Er wird

Sohn Gottes genannt werden, und seine Herrschaft wird
kein Ende haben.

Maria war verwundert und sagte zu dem Engel: Wie soll
das geschehen? Ich bin doch noch gar nicht verheiratet?
Der Engel antwortete ihr: Der Heilige Geist wird über
dich kommen, Gott wird dich behüten. Deshalb wird
auch das Kind heilig und Sohn Gottes genannt werden.
Auch deine Cousine Elisabet hat noch ein Kind bekommen, obwohl sie so alt ist. Für Gott ist nichts unmöglich, Maria. Da verstand Maria und sagte: Ich gehöre
Gott. Es geschehe, wie du gesagt hast.

Maria besucht Elisabet

Nach einigen Tagen beschloß Maria, ihre Cousine in den
Bergen von Judäa zu besuchen. Als sie dort ankam und
Elisabet begrüßte, hüpfte das Kind in Elisabets Bauch.
Da rief Elisabet: Maria, du bist gesegnet, mehr als alle
anderen Frauen, und gesegnet ist das Kind, das du
trägst. In dem Augenblick, als du zur Tür hereinkamst
und ich deinen Gruß hörte, hüpfte mein Kind vor Freude. Selig bist du, Maria, weil du geglaubt hast, was Gott
dir sagen ließ. Und Maria sprach wie eine Prophetin:
Meine Seele preist die Größe des Herrn, und mein Geist
jubelt über Gott, meinen Retter. Denn der Mächtige hat
Großes an mir getan, und sein Name ist heilig. Er voll-
bringt mit seinem Arm machtvolle Taten: Er zerstreut
alle, die im Herzen voll Hochmut sind; er stürzt die
Mächtigen vom Thron und erhöht die Niedrigen. Die
Hungernden beschenkt er mit seinen Gaben und läßt
die Reichen leer ausgehen.

Die Geburt des Täufers und die Geburt Jesu

Maria blieb etwa drei Monate bei Elisabet, dann kehrte
sie nach Hause zurück. Elisabet gebar einen Sohn, und
alle Nachbarn und Verwandten freuten sich mit ihr.

Nachdem sie dem Kind den Namen Johannes gegeben hatten, wie der Engel es gesagt hatte, konnte Zacharias auch plötzlich wieder sprechen.

Schließlich kam die Zeit, daß Maria ihr Kind auf die Welt bringen sollte. Damals erließ der römische Kaiser Augustus gerade den Befehl, alle Bewohner des Reiches in Steuerlisten eintragen zu lassen, denn er wollte, daß die Menschen ihm noch mehr Geld bezahlten. Jeder mußte sich in der Stadt, aus der er stammte, melden. So zog auch Josef mit Maria aus der Stadt Nazaret in die Stadt, aus der die Familie des Königs David stammte, das ist Betlehem. Viele Menschen waren unterwegs, alle Herbergen und Übernachtungsmöglichkeiten waren von Menschen überfüllt.

Als sie in Betlehem ankamen, merkte Maria, daß das Kind bald auf die Welt kommen würde. Sie brachte ihren Sohn zur Welt, wickelte ihn in Windeln und legte ihn in eine Futterkrippe. Denn in der Herberge in Betlehem hatten sie keinen Platz mehr gefunden.

In der Gegend waren auch Hirten mit ihren Schafherden. Da erschien ihnen ein Engel, der war von einem göttlichen Glanz umstrahlt. Die Hirten bekamen zuerst große Angst, der Engel aber sprach zu ihnen: Fürchtet euch nicht! Ich will euch etwas sagen, darüber werdet ihr euch sehr freuen! Auch alle anderen Menschen in Israel werden sich darüber freuen! Heute wurde in Betlehem der Retter, der Messias, geboren, auf den ihr wartet und um den ihr zu Gott gebetet habt. Und daran könnt ihr das Kind erkennen: Es liegt in einer Krippe und ist in Windeln gewickelt.

Und plötzlich erschienen neben dem Engel noch unzählige andere Engel. Sie lobten Gott und sprachen: Verherrlicht ist Gott in der Höhe, und auf Erden ist Friede bei den Menschen.

Als die Engel sie verlassen hatten und in den Himmel

zurückgekehrt waren, sagten die Hirten zueinander:
Kommt, wir gehen nach Betlehem. Wir wollen nach dem
Kind suchen, von dem der Engel gesprochen hat.
So eilten sie nach Betlehem. Sie fanden den Stall, Maria
und Josef und das Kind, das in der Futterkrippe lag. Als
sie das Kind sahen, erzählten sie den Eltern alles, was
ihnen der Engel über das Kind gesagt hatte. Und alle,
die es hörten, staunten. Maria bewahrte alles, was geschehen war, in ihrem Herzen und dachte darüber nach.
Die Hirten kehrten zu ihrem Lager zurück. Sie lobten
Gott und dankten ihm für das, was sie gehört und gesehen hatten.

Sterndeuter kommen zu Jesus
Als Jesus geboren war, kamen Sterndeuter aus dem
Osten nach Jerusalem. Sie fragten alle Leute: Wo ist der
neugeborene König der Juden? Wir haben seinen Stern
aufgehen sehen und sind gekommen, um ihm Geschenke zu bringen.
Als König Herodes das hörte, bekam er eine Riesen-
angst. Er fürchtete nämlich, der neugeborene König
könnte ihm eines Tages sein Königreich wegnehmen.
Darum ließ er alle Gelehrten rufen und erkundigte sich
bei ihnen, ob sie wohl wüßten, wo der Messias geboren
werden sollte. Die Gelehrten kannten die Schriften der
Bibel gut und antworteten: Der Prophet Micha hat
schon gesagt: Aus der kleinen Stadt Betlehem soll er
kommen.
Herodes rief aber auch die Sterndeuter heimlich zu sich
und fragte sie aus. Dann sagte er zu ihnen: Geht nach
Betlehem und forscht sorgfältig nach, wo das Kind ist.
Und wenn ihr es gefunden habt, sagt mir Bescheid.
Dann möchte auch ich ihm Geschenke bringen.
Die Sterndeuter machten sich auf den Weg nach Betle-
hem, und der Stern, den sie gesehen hatten, zog vor

ihnen her. Über dem Stall, in dem Jesus geboren war, blieb er stehen. Da gingen sie hinein und fanden das Kind und seine Mutter Maria. Sie fielen vor ihm auf den Boden und beteten es an. Dann holten sie ihre Geschenke hervor: Gold, Weihrauch und Myrrhe.

In derselben Nacht aber hörten sie im Traum Gottes Stimme, der zu ihnen sprach: Geht nicht den gleichen Weg zurück, und meidet Herodes! Da reisten sie auf einem anderen Weg zurück in ihre Heimat.

Maria, Josef und Jesus in Ägypten

Zur gleichen Zeit hatte auch Josef einen Traum: Ein Engel Gottes erschien ihm und sprach zu ihm: Steh auf, nimm das Kind und seine Mutter, und flieh nach Ägypten. Denn Herodes wird das Kind suchen, um es zu töten.

Da stand Josef sofort auf und floh noch in der Nacht mit Maria und dem Kind nach Ägypten. Dort blieb er, bis Herodes gestorben war. Dann kehrte die Familie nach Nazaret zurück.

Johannes und Jesus wuchsen heran. Und Gottes Gnade und Weisheit ruhten auf ihnen. Und die Menschen freuten sich über sie und merkten, daß Gott etwas Besonderes mit ihnen vorhatte.

(nach Lk 1 - 2; Mt 2)

Wie bei allen bedeutenden Menschen dieser Welt war es auch bei Jesus. Nicht gleich von Geburt an erkannte man seine Bedeutung. Diese erwies sich erst nach und nach. Ja, eigentlich stellt sich immer erst am Ende des Leben eines Menschen heraus, worin sein Wesen, seine Leistung, seine Wirkung auf andere lag und weiterhin liegt. Bei herausragenden Personen der Weltgeschichte interessiert man sich einfach für das ganze Leben. Und keiner findet etwas dabei, wenn dann später Erzählungen über einen

wichtigen Menschen aufkommen, die dessen Bedeutung bereits in den Umständen seiner Geburt und seiner Kindheit und im ganzen Werdegang heranwachsen sehen. So sind auch die Kindheitserzählungen der Evangelisten Matthäus und Lukas nicht einfach Berichte über das, was damals geschah. Sie sind eher Verkündigungstexte, die den Glauben an Jesus Christus nach dessen Tod und Auferstehung formulieren und seine Bedeutung bereits in seine Kindheit verlagern. Auch der Evangelist Johannes hat an den Anfang seines Evangeliums ein Lied gestellt, das vom Geheimnis des Wesens Jesu spricht – ein Geheimnis, das nicht einfach mit ein paar Sätzen erklärt werden kann.

Lied vom Geheimnis Jesu

Im Anfang war das Wort,
und das Wort war bei Gott,
und das Wort war Gott.
Im Anfang war es bei Gott.
Alles ist durch das Wort geworden,
und ohne das Wort wurde nichts, was geworden ist.
In ihm war das Leben,
und das Leben war das Licht der Menschen.
Und das Licht leuchtet in der Finsternis,
und die Finsternis hat es nicht erfaßt.
Es trat ein Mensch auf, der von Gott gesandt war; sein Name war Johannes. Er kam als Zeuge, um Zeugnis abzulegen für das Licht, damit alle durch ihn zum Glauben kommen. Er war nicht selbst das Licht, er sollte nur Zeugnis ablegen für das Licht.
Das wahre Licht, das jeden Menschen erleuchtet,
kam in die Welt.
Er war in der Welt,
und die Welt ist durch ihn geworden,
aber die Welt erkannte ihn nicht.

Er kam in sein Eigentum,
aber die Seinen nahmen ihn nicht auf.
Allen aber, die ihn aufnahmen,
gab er Macht, Kinder Gottes zu werden,
allen, die an seinen Namen glauben,
die nicht aus dem Blut,
nicht aus dem Willen des Mannes,
sondern aus Gott geboren sind.
Und das Wort ist Fleisch geworden
und hat unter uns gewohnt,
und wir haben seine Herrlichkeit gesehen,
die Herrlichkeit des einzigen Sohnes vom Vater,
voll Gnade und Wahrheit.
(nach Joh 1)

Johannes der Täufer und Jesus

Johannes der Täufer
Als Jesus etwa 30 Jahre alt war, regierte in Rom ein Kaiser mit Namen Tiberius. Weil sein Reich zu groß war, um es allein zu regieren, hatte er für viele Teile seines Reiches Könige und Statthalter eingesetzt. In Galiläa, wo Jesus aufwuchs, und in anderen Gebieten regierte damals König Herodes, ein Sohn des Königs Herodes des Großen. Die Gegend um Jerusalem wurde von einem Statthalter mit Namen Pontius Pilatus verwaltet. Die Römer gingen hart um mit den Menschen in Israel, und viele hofften darauf, daß Gott endlich kommen und sein Volk retten werde. Manche zogen in die Wüste, um ihre Sünden zu bereuen und darum zu beten, daß Gott endlich seinen Boten, den Messias, schicken sollte.
Einer, der wie ein Prophet das Kommen des Messias verkündete, war Johannes der Täufer. Er glaubte, daß der

95

Messias wie ein strenger Richter kommen werde, der alle Menschen nach ihren Taten beurteilt. Er stellte sich dieses Gericht vor wie eine Getreideernte: Die Menschen sind wie abgeschnittene Getreidehalme. Zuerst werden die Früchte des Getreides, die Körner, herausgeschlagen. Das nennt man dreschen. Dann wird das Gedroschene mit einer Wurfschaufel in die Luft geworfen. Die schweren Körner fallen zu Boden und werden gesammelt. Die Hülsen weht der Wind weg. Sie sind wie all das Unbrauchbare, das Menschen in ihrem Leben tun.

Johannes hörte in der Wüste das Wort Gottes. Er zog in die Gegend am Fluß Jordan und rief dort die Menschen zu sich, damit sie umkehren, ihre Sünden bereuen und sich taufen lassen sollten. So geschah genau das, was einst der Prophet Jesaja gesagt hatte:
Eine Stimme ruft in der Wüste:
Bereitet dem Herrn den Weg!
Ebnet ihm die Straßen!
Jede Schlucht soll aufgefüllt werden, jeder Berg und Hügel sich senken.
Was krumm ist, soll gerade werden.
Was uneben ist, soll zum ebenen Weg werden.
Und alle Menschen werden das Heil sehen, das von Gott kommt.
Das Volk zog in Scharen zu Johannes hinaus, um sich von ihm taufen zu lassen. Er aber sprach zu ihnen harte Worte: Ihr Schlangenbrut, wer hat euch denn gesagt, daß ihr dem Gericht Gottes entrinnen könnt? Handelt erst so, daß alle sehen, wie ihr eure Sünden bereut. Es nützt euch nichts, wenn ihr glaubt, daß ihr Menschen aus Gottes erwähltem Volk seid, Kinder Abrahams. Denn ich sage euch: Gott kann andere Menschen als sein Volk erwählen. Und er kann aus diesen Steinen Kinder Abrahams machen. Gott richtet sein Volk so, wie

ein Gärtner seinen Obstgarten bearbeitet: Jeder Baum, der keine gute Frucht hervorbringt, wird umgehauen und ins Feuer geworfen. Und schon ist die Axt an die Wurzel der Bäume gelegt!

Da fragten ihn die Leute: Was sollen wir also tun? Johannes antwortete ihnen: Wer zwei Gewänder hat, der gebe eines davon dem, der keines hat, und wer zu essen hat, der gebe dem etwas, der nichts hat. Es kamen auch Zöllner zu ihm, um sich taufen zu lassen. Sie fragten: Meister, was sollen wir tun? Johannes sagte zu ihnen: Verlangt von den Leuten nicht mehr, als festgesetzt ist. Auch Soldaten fragten ihn: Was sollen wir denn tun? Und er sagte zu ihnen: Mißhandelt niemanden, erpreßt niemanden, begnügt euch mit eurem Lohn!

Das Volk war voll Erwartung, und alle überlegten, ob Johannes nicht vielleicht selbst der Messias sei. Doch Johannes gab ihnen allen zur Antwort: Ich taufe euch nur mit Wasser. Es kommt aber einer, der stärker ist als ich. Und ich bin es nicht wert, ihm die Schuhe aufzu-schnüren. Er wird euch mit heiligem Geist und mit Feuer taufen. Schon hält er die Wurfschaufel in der Hand, um die Spreu vom Weizen zu trennen und den Weizen in seine Scheune zu bringen. Die Spreu aber wird er in nie erlöschendem Feuer verbrennen.

Eines Tages kam Jesus zu Johannes, um sich auch tau-fen zu lassen. Und während er betete, öffnete sich der Himmel, und der heilige Geist kam in Gestalt einer Taube auf ihn herab. Eine Stimme aus dem Himmel sprach: Du bist mein geliebter Sohn, an dir habe ich Gefallen ge-funden.

Johannes tadelte auch den König Herodes, weil er seinem Bruder die Frau weggenommen und manch andere Schandtaten verübt hatte. Deshalb ließ Herodes den Johannes ins Gefängnis werfen und ihn später dort um-bringen. Viele Menschen waren enttäuscht, weil Johannes

verhaftet worden war. Denn sie hatten ihn für den Messias gehalten. Da kam Jesus und sagte über Johannes: Was habt ihr sehen wollen, als ihr zu ihm hinausgegangen seid? Einen Propheten? Ja, ich sage euch: Ihr habt sogar mehr gesehen als einen Propheten. Er ist es, von dem es in der Schrift heißt:
Ich sende meinen Boten vor dir her,
er soll den Weg für dich bahnen.
Ich sage euch, unter allen Menschen gibt es keinen größeren als Johannes. Doch der kleinste im Reich Gottes ist größer als er.
(nach Lk 3,1-22)

Die Taufe durch Johannes muß für Jesus selbst ein Schlüsselerlebnis gewesen sein. Er wurde sich über seine Sendung und seinen Auftrag bei den Menschen klar. Wie alle Menschen wurde auch Jesus versucht, dem Bösen in seinem Leben Raum zu geben. (Für die Menschen zur Zeit Jesu war der Inbegriff des Bösen der Teufel, der Widersacher Gottes.) Er hat sich dem widersetzt. Das hat seine besondere Sendung durch Gott gefestigt. Er trat dann zunächst wie ein Prophet auf, predigte und machte durch besondere Zeichen auf seine Botschaft aufmerksam. Seine Familie und die Leute in seiner Heimat lehnten ihn ab.

Die Versuchung Jesu
Erfüllt vom Heiligen Geist, verließ Jesus die Gegend am Jordan. Darauf führte ihn der Geist vierzig Tage lang in der Wüste umher, und dabei wurde Jesus vom Teufel in Versuchung geführt. Die ganze Zeit über aß er nichts; als aber die vierzig Tage vorüber waren, hatte er Hunger. Da sagte der Teufel zu ihm: Wenn du Gottes Sohn bist, so befiehl diesem Stein, zu Brot zu werden. Jesus antwortete ihm: In der Schrift heißt es: Der Mensch lebt nicht nur von Brot.

Da führte ihn der Teufel auf einen hohen Berg hinauf
und zeigte ihm in einem einzigen Augenblick alle Reiche
der Erde. Und er sagte zu ihm: All die Macht und Herrlichkeit dieser Reiche will ich dir geben; denn sie sind
mir überlassen, und ich gebe sie, wem ich will. Wenn du
vor mir niederfällst und mich anbetest, wird dir alles
gehören. Jesus antwortete ihm: In der Schrift steht: Vor
dem Herrn, deinem Gott sollst du dich niederwerfen und
ihm allein dienen.
Darauf führte ihn der Teufel nach Jerusalem, stellte ihn
oben auf den Tempel und sagte zu ihm: Wenn du Gottes
Sohn bist, so stürz dich von hier hinab; denn es heißt in
der Schrift: Seinen Engeln befiehlt er, dich zu behüten
und: Sie werden dich auf ihren Händen tragen, damit
dein Fuß nicht an einen Stein stößt.
Da antwortete ihm Jesus: Die Schrift sagt: Du sollst den
Herrn, deinen Gott, nicht auf die Probe stellen.
Nach diesen Versuchungen ließ der Teufel für eine ge-
wisse Zeit von ihm ab.
(nach Lk 4,1-13)

Die Ablehnung Jesu in seiner Heimat

Jesus kehrte, erfüllt von der Kraft des Geistes, nach
Galiläa zurück. Und die Kunde von ihm verbreitete sich
in der ganzen Gegend. Er lehrte in ihren Synagogen und
wurde von allen gepriesen.
So kam er auch nach Nazaret, wo er aufgewachsen war,
und ging, wie gewohnt, am Sabbat in die Synagoge. Als
er aufstand, um aus der Schrift vorzulesen, reichte man
ihm das Buch des Propheten Jesaja. Er schlug das
Buch auf und fand die Stelle, wo es heißt:
Der Geist des Herrn ruht auf mir;
denn der Herr hat mich gesalbt.
Er hat mich gesandt,
damit ich den Armen eine gute Nachricht bringe;

damit ich den Gefangenen die Entlassung verkünde
und den Blinden das Augenlicht;
damit ich die Zerschlagenen in Freiheit setze
und ein Gnadenjahr des Herrn ausrufe.
Dann schloß er das Buch, gab es dem Synagogendiener
und setzte sich. Die Augen aller in der Synagoge waren
auf ihn gerichtet. Da begann er, ihnen darzulegen: Heute
hat sich das Schriftwort, das ihr eben gehört habt, erfüllt.
Seine Rede fand bei allen Beifall. Sie staunten darüber,
wie begnadet er redete, und sagten: Ist das nicht der
Sohn Josefs? Da entgegnete er ihnen: Sicher werdet ihr
mir das Sprichwort vorhalten: Arzt, heile dich selbst!
Wenn du in Kafarnaum so große Dinge getan hast,dann
tu sie auch hier in deiner Heimat! Und er fügte hinzu:
Amen, das sage ich euch: Kein Prophet wird in seiner
Heimat anerkannt. Wahrhaftig, das sage ich euch: In Israel gab es viele Witwen in den Tagen des Elija, als der
Himmel für drei Jahre und sechs Monate verschlossen
war und eine große Hungersnot über das ganze Land
kam. Aber zu keiner von ihnen wurde Elija gesandt, nur
zu einer Witwe in Sarepta bei Sidon. Und viele Aussätzi-
ge gab es in Israel zur Zeit des Propheten Elischa. Aber
keiner von ihnen wurde geheilt, nur der Syrer Naaman.
Als die Leute in der Synagoge das hörten, gerieten sie alle
in Wut. Sie sprangen auf und trieben Jesus zur Stadt
hinaus. Sie brachten ihn an den Abhang des Berges, auf
dem ihre Stadt erbaut war, und wollten ihn hinabstürzen.
Er aber schritt mitten durch die Menge hindurch und
ging weg.
(nach Lk 4,14-30)

Die ersten Jünger Jesu
Nachdem Jesus sich von Johannes hatte taufen lassen,
begann er zu predigen: Die Zeit ist erfüllt. Kehrt um, das
Reich Gottes ist nahe. Er machte immer mehr Leute auf

*sich aufmerksam. Nun suchte er Freunde, die mit ihm
gehen und predigen sollten.*
*Jesus hatte seine Kindheit in der Nähe des Sees Genne-
saret verbracht. Er kannte wohl viele Fischer, die dort ihre
Boote liegen hatten. Immer wenn es dunkel wurde, fuhren
die Fischer auf den See hinaus, um ihre Netze auszule-
gen. Vielleicht durfte Jesus als Kind auch schon manchmal mitfahren. Er wußte ganz genau, daß man nachts am
besten Fische fängt.*
*Dort bei den Fischern am See fand er die ersten Jünger.
Am überraschenden Erfolg beim Fischen erkannten sie,
daß Jesus nicht nur ein gewöhnlicher Mensch war.*

Jesus stand am Ufer des Sees Gennesaret. Viele Menschen
drängten sich um ihn und wollten das Wort Gottes
hören. Da sah Jesus zwei Boote am Ufer liegen. Die
Fischer waren ausgestiegen und wuschen ihre Netze.
Jesus stieg in das Boot, das dem Simon gehörte. Er bat
ihn: Fahre ein Stück weit vom Land weg. Dann setzte er
sich und lehrte die Menschen vom Boot aus. Als er seine
Rede beendet hatte, sagte er zu Simon: Fahr hinaus auf
den See! Dort werft eure Netze zum Fang aus! Simon
antwortete ihm: Meister, wir haben die ganze Nacht ge-
arbeitet und nichts gefangen. Doch wenn du es sagst,
werde ich die Netze noch einmal auswerfen. Simon und
die anderen Fischer warfen ihre Netze aus, und sie fingen eine so große Menge Fische, daß die Netze zu reißen
drohten. Deshalb winkten sie ihren Gefährten im anderen Boot, sie sollten kommen und ihnen helfen. Sie
kamen, und gemeinsam füllten sie beide Boote bis zum
Rand. Als Simon Petrus das sah, fiel er Jesus zu Füßen
und sagte: Geh weg von mir. Ich bin ein Sünder. Denn er
und alle seine Begleiter waren erstaunt und erschrocken,
weil sie so viele Fische gefangen hatten. Dazu gehörten
auch Jakobus und Johannes, die Söhne des Zebedäus,

die mit Simon zusammenarbeiteten. Da sagte Jesus zu
Simon: Fürchte dich nicht! Von jetzt an sollst du mit mir
kommen. Du sollst nicht mehr Fische, sondern Menschen fangen. Und die Fischer zogen die Boote an Land,
ließen alles zurück und gingen mit Jesus mit. Überall
erzählte man sich schon von Jesus. Viele Menschen
strömten herbei und wollten ihn hören und von ihren
Krankheiten geheilt werden. Doch Jesus zog sich an einen einsamen Ort zurück, um zu beten.
(nach Lk 5,1-16)

Die Wahl der Zwölf
In diesen Tagen ging er auf einen Berg, um zu beten.
Und er verbrachte die ganze Nacht im Gebet zu Gott. Als
es Tag wurde, rief er seine Jünger zu sich und wählte
aus ihnen zwölf aus; sie nannte er auch Apostel. Es
waren Simon, dem er den Namen Petrus gab, und sein
Bruder Andreas, dazu Jakobus und Johannes, Philippus
und Bartholomäus, Matthäus und Thomas, Jakobus,
der Sohn des Alphäus, und Simon, genannt der Zelot
(Eiferer), Judas, der Sohn des Jakobus, und Judas
Iskariot, der zum Verräter wurde.
(nach Lk 6,12-16)

Frauen im Gefolge Jesu
In der folgenden Zeit wanderte er von Stadt zu Stadt
und von Dorf zu Dorf und verkündete das Evangelium
vom Reich Gottes. Die Zwölf begleiteten ihn, außerdem
einige Frauen, die er von bösen Geistern und von
Krankheiten geheilt hatte: Maria Magdalene, aus der
sieben Dämonen ausgefahren waren, Johanna, die Frau
des Chuzas, eines Beamten des Herodes, Susanna und
viele andere. Sie alle unterstützten Jesus und die Jünger
mit dem, was sie besaßen.
(nach Lk 8,1-3)

Die Aussendung der Zwölf

Dann rief er die Zwölf zu sich und gab ihnen die Kraft und die Vollmacht, alle Dämonen auszutreiben und die Kranken gesund zu machen. Und er sandte sie aus mit dem Auftrag, das Reich Gottes zu verkünden und zu heilen. Er sagte zu ihnen: Nehmt nichts mit auf den Weg, keinen Wanderstab und keine Vorratstasche, kein Brot, kein Geld und kein zweites Hemd. Bleibt in dem Haus, in dem ihr einkehrt, bis ihr den Ort wieder verlaßt. Wenn euch aber die Leute in einer Stadt nicht aufnehmen, dann geht weg und schüttelt den Staub von euren Füßen, zum Zeugnis gegen sie.
Die Zwölf machten sich auf den Weg und wanderten von Dorf zu Dorf. Sie verkündeten das Evangelium und heilten überall die Kranken.
(nach Lk 9,1-6)

Wundererzählungen

Jesus mochte die Menschen. Zwar wollte er manchmal allein sein, um neue Kraft zu sammeln. Doch meistens zog er mit seinen Jüngern von Ort zu Ort. Er erzählte den Menschen, wie es zugeht, wenn Gott mitten unter ihnen wohnt. Natürlich kamen auch Leute zu Jesus, die krank waren, Sorgen hatten oder aus anderen Gründen unglücklich waren. Sie alle fühlten sich in seiner Nähe geborgen. Sie waren dankbar für ein gutes Wort. Die Begegnung mit Jesus machte sie frei. Sie fanden Mut zu einem neuen Leben und setzten ihre ganze Hoffnung auf ihn. Viele konnte Jesus gesund machen.
Solche Zeichen und Wunder haben die Jünger später immer wieder erzählt. Für sie war klar: Wenn Gott durch Jesus solche Zeichen der Hoffnung setzt, dann wird Gottes Schöpfung wirklich neu – wie sie am Anfang gemeint war.

Die Heilung eines schwer Kranken

Als Jesus die Stadt betrat, begegnete ihm ein Mann, dessen Haut viele Flecken hatte und der deshalb von den Menschen gemieden wurde. Sie fürchteten nämlich, daß seine Krankheit ansteckend sei. Sobald dieser Mann Jesus sah, warf er sich vor ihm zu Boden und bat ihn: Herr, laß mich wieder gesund werden. Wenn du es willst, dann wird es geschehen. Da streckte Jesus die Hand aus und sagte: Ich will es – werde wieder gesund. Im gleichen Augenblick war er geheilt. Jesus befahl ihm: Erzähl niemand darüber. Trotzdem breitete sich die gute Nachricht über Jesus sehr schnell aus. Die Menschen strömten von überall herbei. Sie alle wollten ihn hören und von ihren Krankheiten geheilt werden. Doch Jesus brauchte auch immer wieder Ruhe und Stille, um über sich nachzudenken und um zu beten.
(nach Lk 5,12-16)

Die Heilung eines Gelähmten

Ein anderes Mal versammelten sich wieder viele Menschen um ihn, die aus den Dörfern Galiläas und Judäas und aus Jerusalem gekommen waren. In einem der Dörfer wollten die Leute einen Mann, der sich nicht mehr bewegen und nicht mehr gehen konnte, in ein Haus bringen, um ihn Jesus zu Füßen zu legen. Als sie jedoch merkten, daß sie ihn nicht nahe genug an Jesus heranbringen konnten, stiegen sie auf das Dach, deckten die Ziegel ab und ließen den Gelähmten in der Mitte des Hauses hinunter, genau vor Jesus hin. Wie hätten sie sonst den kranken Mann zu Jesus bringen sollen? Als Jesus bemerkte, wie wichtig dem Mann die Begegnung mit ihm war, beugte er sich zu ihm, legte seine Hand auf seine Schulter und sagte: Ich will dir helfen, damit du wieder gesund und glücklich leben kannst. Ich will all das wegnehmen, was dich in deinem Leben traurig

macht. Deine Sünden sind dir vergeben. Um Jesus herum standen jedoch nicht nur Leute, die ihm ganz vertrauten, sondern auch solche, die nicht glauben wollten, was sie gesehen hatten. Sie fragten ihn: Wer außer Gott kann Sünden vergeben? Er antwortete ihnen: Was ist leichter, zu sagen: Deine Sünden sind dir vergeben!, oder zu sagen: Steh auf, und geh umher? Und er sagte zu dem Gelähmten: Ich sage dir: Steh auf, nimm dein Bett, und geh nach Hause. Im gleichen Augenblick stand der Mann vor aller Augen auf. Jesus sagte ihm: Du sollst wieder das machen können, was du machen willst. Der Mann konnte sein Glück zunächst überhaupt nicht fassen. Er fühlte sich wie jemand, für den das Leben noch einmal neu beginnt.
(nach Lk 5,17-26)

Die Heilung eines Blinden
Jesus kam mit einer großen Menschenmenge und mit seinen Jüngern in die Nähe von Jericho. Da saß an der Straße ein blinder Bettler. Er hieß Bartimäus. Als er hörte, daß Jesus vorbeikam, rief er ganz laut: Jesus, habe Erbarmen mit mir! Viele wurden darüber ärgerlich und befahlen ihm zu schweigen. Er aber schrie noch viel lauter: Jesus, Sohn Davids, habe Erbarmen mit mir! Da blieb Jesus stehen und sagte: Ruft ihn her zu mir! Sie gingen zu dem Blinden und sagten zu ihm: Sei mutig, Jesus hat dich gerufen. Da warf er seinen Mantel weg und rannte auf Jesus zu. Jesus fragte ihn: Was soll ich dir tun? Der Blinde antwortete: Jesus, ich möchte wieder sehen können. Da sagte Jesus zu ihm: Geh! Dein Glaube hat dir geholfen. Sogleich konnte er wieder sehen. Er folgte Jesus nach.
(nach Mk 10,46-52)

Die Speisung der Fünftausend

Die Jünger versammelten sich wieder um Jesus und berichteten ihm, was sie getan und gelehrt hatten. Da sagte er zu ihnen: Kommt mit an einen einsamen Ort, wo wir allein sind, und ruht euch ein wenig aus. Denn sie fanden nicht einmal Zeit zum Essen, so zahlreich waren die Leute, die Jesus zuhören wollten. So fuhren sie mit dem Boot in eine einsame Gegend, um allein zu sein. Doch die Menschen hatten gesehen, wohin Jesus mit seinen Freunden gefahren war, und folgten ihm. Als Jesus aus dem Boot stieg, kamen immer mehr herbeigeeilt. Es waren wohl Fünftausend. Am Abend sagten die Jünger zu Jesus: Was sollen die Menschen essen, wo sollen sie nachts schlafen? In dieser Gegend gab es keine Häuser. Man konnte in der Nähe auch nichts zu essen kaufen. Die Menschen waren von den Worten Jesu so begeistert, daß sie überhaupt nicht ans Essen gedacht hatten. Da sagte Jesus zu den Jüngern: Gebt ihr ihnen zu essen! Sie sagten zu ihm: Sollen wir etwa weggehen und Brote kaufen? Er sagte zu ihnen: Wie viele Brote habt ihr denn? Geht und seht nach! Sie sahen nach und berichteten: Fünf Brote, und außerdem zwei Fische. Da bat er die Menschen, sich in Gruppen auf das Gras zu setzen. Er nahm die fünf Brote und die zwei Fische, blickte zum Himmel, lobte und dankte Gott, brach die Brote und gab sie den Jüngern zum Austeilen. Auch die zwei Fische ließ er verteilen. Alle aßen und wurden satt. Die Jünger sammelten die Reste der Brote und der Fische ein und füllten damit zwölf Körbe.
(nach Mk 6,30-44)

Der Sturm auf dem See

Eines Tages stieg Jesus mit seinen Jüngern in ein Boot und sagte zu ihnen: Wir wollen an das andere Ufer des Sees hinüberfahren. Und sie fuhren ab. Während der

Fahrt schlief Jesus ein. Plötzlich brach ein kräftiger
Sturm über dem See los. Das Wasser schlug ins Boot.
Sie gerieten in Panik und glaubten sich in großer Ge-
fahr. Voller Angst weckten sie Jesus. Sie riefen: Jesus,
wir gehen unter! Er stand auf und schaute sich um. Er
sah die hohen Wellen und hörte das Brausen des Windes. Er drohte dem Wind und den Wellen. Da legte sich
der Wind, und die Wellen beruhigten sich. Die Jünger
staunten und hatten keine Angst mehr. Da sagte Jesus
zu ihnen: Wo ist euer Glaube? Sie aber fragten einander
ganz erschrocken: Was ist das für ein Mensch, daß ihm
sogar Wind und Wellen gehorchen?
(nach Lk 8,22-25)

Der Gang Jesu auf dem Wasser

Wenige Tage später war Jesus mit seinen Jüngern wieder
am See. Er bat sie, ins Boot zu steigen und an das andere
Ufer vorauszufahren. Er selbst ging auf einen Berg, um
in der Stille zu beten. Gegen Abend war das Boot mitten
auf dem See. Jesus war allein an Land. Er sah, wie die
Jünger sich beim Rudern abmühten. Sie mußten nämlich gegen den Wind ankämpfen. Plötzlich sahen die
Jünger Jesus über den See kommen und meinten, es
sei ein Gespenst. Alle sahen ihn und erschraken. Doch er
begann mit ihnen zu reden und sagte: Habt Vertrauen,
ich bin es; fürchtet euch nicht! Dann stieg er zu ihnen
ins Boot, und der Wind legte sich. Die Jünger waren verwirrt, bestürzt und außer sich. Niemand konnte begreifen, was geschehen war.
(nach Mk 6,45-52)

Die Hochzeit zu Kana

In Kana, das in Galiläa liegt, fand eine Hochzeit statt.
Maria, die Mutter Jesu, und Jesus selbst mit seinen
Jüngern waren eingeladen. Zu später Stunde gab es

keinen Wein mehr zu trinken. Da sagte Maria zu Jesus: Sie haben keinen Wein mehr. Jesus antwortete: Was willst du von mir? Meine Stunde ist noch nicht gekommen. Da sagte Maria zu den Dienern: Was er euch sagt, das tut! Es standen da sechs Wasserkrüge. Jesus sagte zu den Dienern: Füllt die Krüge mit Wasser! Und sie füllten sie bis zum Rand. Dann sagte er zu ihnen: Schöpft jetzt, und bringt es dem, der für das Fest verantwortlich ist. Sie brachten es ihm. Er kostete das Wasser. Es war köstlicher Wein. Und er wußte nicht, woher dieser Wein kam. Nur die Diener wußten es. Dann sagte er zu dem Bräutigam: Jeder schenkt zuerst den guten Wein ein. Wenn dann die Gäste genug getrunken haben, dann verteilt er den weniger guten. Du aber hast den guten Wein bis jetzt zurückgehalten.
Dieses Zeichen tat Jesus in Kana. Und seine Jünger ahnten etwas von der Lebensfülle und Lebensfreude, die herrscht, wenn Gott bei den Menschen wohnt.
(nach Joh 2,1-12)

Zu den wundersamen Ereignissen im Leben Jesu gehört auch seine Verklärung. In ihr fällt gleichsam das Licht von Ostern, von Jesu Auferstehung, auf sein irdisches Leben zurück. Sie wirkt wie eine vorweggenommene Ostererzählung. Das gilt übrigens wohl von allen Wundererzählungen: Der irdische Jesus und der auferweckte Jesus verschmelzen in ihnen zu einer Einheit.

Die Verklärung

Sechs Tage danach nahm Jesus Petrus, Jakobus und Johannes beiseite und führte sie auf einen hohen Berg. Und er wurde vor ihren Augen verwandelt; seine Kleider wurden strahlend weiß. Vor ihren Augen erschienen Elija und Mose, und sie redeten mit Jesus. Petrus sagte zu Jesus: Rabbi, es ist gut, daß wir hier sind. Wir wollen drei Hütten bauen, eine für dich, eine für Mose und eine für Elija. Da kam eine Wolke, und eine Stimme rief aus ihr: Das ist mein geliebter Sohn; auf ihn sollt ihr hören. Als sie um sich blickten, sahen sie auf einmal niemand mehr bei sich außer Jesus.

Während sie den Berg hinabstiegen, verbot er ihnen, irgend jemand zu erzählen, was sie gesehen hatten, bis der Menschensohn von den Toten auferstanden sei. Und sie fragten einander, was das sei: von den Toten auferstehen.

(nach Mk 9,2-10)

Jesus, Zachäus und die Kinder

Jesus und Zachäus
Jesus schaute besonders nach den Menschen, die von anderen übersehen wurden. So erzählt eine Geschichte von einem Mann namens Zachäus, der so klein war, daß Jesus ihn in der Menschenmenge eigentlich nicht sehen konnte. Jesus bemerkte ihn aber trotzdem und wurde sogar sein Freund. Und das geschah so:

Zachäus war ein reicher Zolleintreiber, der in Jericho lebte. Er war deswegen so reich, weil er mit den Römern zusammenarbeitete und von vielen Menschen mehr Geld gefordert hatte, als erlaubt war. Gerade deswegen mochten ihn die Leute nicht, und Zachäus hatte keinen richtigen Freund.

Als nun Jesus einmal nach Jericho kam und durch die Stadt ging, hörte auch Zachäus davon. Er lief auf die Straße, um Jesus zu sehen, doch die riesige Menschenmenge versperrte ihm die Sicht – er war ja sehr klein. Darum lief er voraus und stieg dort auf einen Maulbeer-

111

feigenbaum. Von hier aus kann ich Jesus gut sehen, wenn er vorbeikommt, dachte er. Als Jesus nun tatsächlich an dem Maulbeerfeigenbaum vorbeikam, schaute er nach oben, sah Zachäus im Baum sitzen und sagte zu ihm: Zachäus, komm schnell herunter! Denn ich muß heute in deinem Haus zu Gast sein. Da kletterte Zachäus schnell vom Baum herab und nahm Jesus voller Freude bei sich auf.

Die anderen Bewohner von Jericho, die wußten, was für ein unehrlicher Mensch Zachäus war, ärgerten sich darüber und sagten: Zu so jemandem geht er ins Haus! Zachäus wußte, was sie dachten, und als er mit Jesus zusammen war, tat es ihm leid, daß er vielen Menschen Unrecht getan hatte. Deshalb sagte er zu Jesus: Jesus, ich habe von vielen Menschen zuviel Geld genommen. Das will ich jetzt wiedergutmachen. Ich werde ihnen das Vierfache zurückgeben. Und die Hälfte meines Besitzes will ich den Armen schenken! Da sagte Jesus zu ihm: Das hast du dir gut überlegt, darüber freue ich mich sehr! Darum bin ich ja auch zu dir gekommen, denn ich will Menschen, die Schlechtes getan haben und die darum keiner mehr mag, suchen und retten.

(nach Lk 19,1-10)

Jesus und die Kinder

Auch Kinder hatten es manchmal schwer, an Jesus heranzukommen. Als Jesus einmal auf dem Weg nach Jerusalem war, begleitete ihn wieder eine große Schar von Jüngerinnen und Jüngern. Auf dem Weg kamen ihnen Menschen entgegen, Mmännner, Frauen und Kinder. Als sie Jesus sahen, wollten sie, daß Jesus den Kindern die Hände auf den Kopf legte, sie segnete und für sie betete. Aber die Jünger wollten die Kinder nicht zu Jesus lassen. Da wurde Jesus zornig auf seine Jünger und sagte: Laßt die Kinder zu mir kommen, hindert sie nicht daran!

Denn Menschen wie ihnen gehört das Himmelreich!
Und er schob die Jünger beiseite, ging zu den Kindern,
umarmte jedes und legte jedem einzelnen die Hände auf
den Kopf.

Auch viele andere Geschichten erzählen davon, daß
Jesus Kindern begegnete. Er gab ihnen zu essen, als er
für tausende von Menschen das Brot brach, er stellte ein
Kind in die Mitte seiner Jünger und nahm es liebevoll in
die Arme, und er heilte Kinder, die krank waren. Einmal
kam er sogar zu spät zu einem kranken Mädchen. Es
starb, bevor Jesus eintraf. Aber Jesus konnte sogar die-
sem Kind noch helfen. Und das geschah so:

Jesus war mit seinen Begleitern in Kafarnaum. Dieser
Ort liegt am See Gennesaret im Norden Israels, in Galiläa.
Als Jesus dort mit den Menschen redete, kam ein Mann
zu Jesus. Er hieß Jairus und war Vorsteher einer Synagoge, eines Bet- und Lehrhauses. Jairus fiel vor Jesus
auf den Boden und sagte: Meine zwölfjährige Tochter ist
schwer krank. Sie liegt im Sterben. Komm und lege ihr
die Hände auf, damit sie wieder gesund wird und am
Leben bleibt. Da ging Jesus mit ihm.
Eine große Menschenmenge folgte ihnen. Unter den
Leuten war eine Frau, die schon zwölf Jahre lang sehr
krank war. Viele Ärzte hatten schon versucht, sie zu
heilen, aber keiner konnte ihr helfen. Jetzt ging es ihr
sogar schlimmer als vorher: Sie war immer noch krank
und arm dazu, denn sie hatte ihr ganzes Geld für die
Untersuchungen und Heilmittel ausgegeben. Sie hatte
aber davon gehört, daß Jesus viele Kranke heilte, und
dachte bei sich: Wenn ich vielleicht nur sein Gewand
berühre, werde ich gesund werden.
Nun drängte sie sich in der Menschenmenge von hinten
an ihn heran und berührte einen Zipfel seines Gewan-

113

des – und sofort war sie geheilt. Jesus aber drehte sich um und fragte: Wer hat mein Gewand berührt? Und er blickte umher, um zu sehen, wer es getan hatte. Doch es waren so viele Menschen da, die sich um ihn drängten. Schließlich kam die Frau, vor Angst zitternd, zu ihm und gab es zu und sagte ihm die ganze Wahrheit. Jesus aber sprach zu ihr: Meine Tochter, du hast wirklich einen großen Glauben! Geh in Frieden! Du sollst von jetzt an gesund sein!

Durch diese Begebenheit kam Jesus aber noch später zu dem kranken Mädchen. Als er mit Jairus und seinen Begleitern weiterging, kamen ihnen auch schon Leute aus dem Haus des Jairus entgegen und sagten: Es hat keinen Zweck mehr, Jesus zu deiner Tochter zu holen. Sie ist gerade gestorben.

Jesus, der diese Worte gehört hatte, tröstete Jairus und sagte zu ihm: Sei ohne Furcht, vertraue mir nur! Sie gingen also trotzdem weiter zum Haus des Jairus. Schon von weitem hörten sie lautes Weinen und Klagen. Sie gingen in das Haus hinein, und Jesus sagte zu den Leuten, die laut weinten und jammerten: Warum schreit und weint ihr? Das Kind ist nicht gestorben, es schläft doch nur. Da lachten sie ihn aus. Jesus aber schickte alle hinaus bis auf die Eltern und seine Begleiter. Sie gingen in den Raum, in dem das Kind lag. Jesus faßte das Kind an der Hand und sagte zu ihm: Mädchen, ich sage dir, steh auf! Und sofort stand das Mädchen auf. Als die Leute das sahen, waren sie sehr erschrocken. Jesus aber sagte: Gebt dem Mädchen etwas zu essen, und erzählt keinem, was hier geschehen ist. Aber trotzdem verbreitete sich die Nachricht im ganzen Land, daß Jesus einem zwölfjährigen Mädchen neues Leben geschenkt hatte.

(nach Mk 10,13-16; Mk 5,21-43)

Die Bergpredigt und das Vater unser

Die Seligpreisungen

Jesus zog im ganzen Land umher, er verkündete die frohe Botschaft von Gott und heilte alle Krankheiten und Leiden. Scharen von Menschen folgten ihm. Als Jesus die vielen Menschen sah, stieg er auf einen Berg. Er setzte sich, und seine Freunde traten zu ihm. Dann schaute er auf die Menschen, die ihm gefolgt waren: Arme, Trauernde, Hilflose, die den anderen Menschen gleichgültig waren. Ihnen sagte er:

Selig, ihr Armen, denn euch gehört das Reich Gottes.
Selig, die ihr jetzt hungert nach Brot und Gerechtigkeit, denn ihr werdet satt.
Selig, die ihr jetzt weint, denn ihr werdet lachen.
Selig, die keine Gewalt anwenden; sie leben schon jetzt mit Gott.
Selig alle, die barmherzig sind; Gott hat mit ihnen Erbarmen.
Selig alle mit einem reinen Herzen; sie können Gott sehen.
Selig, die Frieden stiften; sie sind Kinder Gottes.
Selig seid ihr, wenn euch die Menschen nicht leiden können und aus ihrer Gemeinschaft ausstoßen, wenn sie euch beschimpfen und schlecht machen wie früher auch die Propheten. Freut euch und jauchzt. In der Gemeinschaft mit Gott habt ihr es gut.

(nach Lk 6,20-22 und Mt 5,3-12)

Salz der Erde, Licht der Welt

Ihr seid das Salz der Erde. Wenn das Salz seinen Geschmack verliert, womit kann man es wieder salzig machen? Es taugt zu nichts mehr; es wird weggeworfen und von den Leuten zertreten.
Ich seid das Licht der Welt. Eine Stadt, die auf einem

Berg liegt, kann nicht verborgen bleiben. Man zündet auch nicht ein Licht an und stellt es unter ein Gefäß, sondern man stellt es auf den Leuchter; dann leuchtet es allen im Haus.
So soll euer Licht vor den Menschen leuchten, damit sie sehen, wie gut ihr handelt.
(nach Mt 5,13-16)

Ich aber sage euch ...
Euch hat man immer gesagt: Auge für Auge und Zahn für Zahn. Ich aber sage euch: Leistet dem, der euch Böses antut, keinen Widerstand. Nein, wenn dich einer auf die rechte Backe schlägt, dann halte ihm auch die andere hin. Und wenn einer dich zwingt, ein Stück mit ihm zu gehen, dann geh mit ihm doppelt so weit. Wenn einer dich um etwas bittet, dann gib es ihm; wenn einer etwas von dir ausleihen möchte, dann weise ihn nicht ab. Ihr wißt auch, daß manche Leute sagen: Du sollst deinen Nächsten lieben und deinen Feind hassen. Ich aber sage euch: Liebt eure Feinde! Betet für die, die euch verfolgen! Dann werdet ihr Kinder eures Vaters im Himmel. Denn er läßt seine Sonne aufgehen über Bösen und Guten, und er läßt regnen über Gerechte und Ungerechte. Wenn ihr nur die liebt, die euch lieben, was tut ihr damit Besonderes? Tun das nicht auch die Menschen, die Gott nicht kennen? Ihr sollt so handeln, wie euer himmlischer Vater es tut.
(Mt 5,38-48)

Wenn ihr betet ...
Über das Beten sagte Jesus: Wenn ihr betet, sollt ihr nicht viele Worte machen. Euer Vater weiß ja, was ihr braucht, noch bevor ihr ihn bittet. Ihr sollt einfach beten:
Unser Vater im Himmel,
geheiligt werde dein Name.

116

Dein Reich komme.
Dein Wille geschehe
wie im Himmel so auf Erden.
Unser tägliches Brot gib uns heute.
Und vergib uns unsere Schuld,
wie auch wir vergeben unseren Schuldigern.
Und führe uns nicht in Versuchung,
sondern erlöse uns von dem Bösen.
Denn wie ihr den Menschen vergebt, was sie euch
angetan haben, so wird euch auch euer himmlischer
Vater vergeben.
(nach Mt 6,5-14)

Von der rechten Sorge

Macht euch keine Sorgen und fragt nicht: Was sollen wir
essen? Was sollen wir trinken? Was sollen wir anziehen?
Gott weiß ja, daß ihr das alles braucht. Seht euch die
Vögel des Himmels an: Sie säen nicht, sie ernten nicht
und sammeln keine Vorräte in Scheunen. Gott ernährt
sie. Seid ihr nicht viel mehr wert als sie? Sorgt euch
darum, daß Gott in eurer Mitte wohnt. Das andere be-
kommt ihr wie von selbst.
(nach Mt 6,25-33)

Vom Vertrauen beim Beten

Bittet, dann wird euch gegeben; sucht, dann werdet ihr
finden; klopft an, dann wird euch geöffnet. Denn wer
bittet, der empfängt; wer sucht, der findet; und wer an-
klopft, dem wird geöffnet. Oder ist einer unter euch, der
seinem Sohn einen Stein gibt, wenn er um Brot bittet,
oder eine Schlange, wenn er um einen Fisch bittet?
Wenn nun schon ihr, die ihr böse seid, euren Kindern
gebt, was gut ist, wieviel mehr wird euer Vater im Himmel denen Gutes geben, die ihn bitten.
(nach Mt 7,7-11)

Die Goldene Regel

Alles, was ihr von anderen erwartet, das tut auch ihnen!
Mehr braucht ihr nicht zu tun.
(nach Mt 7,12)

Vom Haus auf dem Felsen

Am Schluß seiner Rede sagte Jesus:
Wer all meine Worte hört und danach handelt, der ver-
hält sich wie ein kluger Mann, der sein Haus auf Fels
baute. Ein Wolkenbruch kam, die Wassermassen fluteten heran, die Stürme tobten und rüttelten an dem
Haus. Doch es stürzte nicht ein, denn es war auf Fels
gebaut. Wer aber meine Worte hört und nicht danach
handelt, ist wie ein unvernünftiger Mann, der sein Haus
auf Sand baute. Ein Wolkenbruch kam, die Wassermassen fluteten heran, die Stürme tobten und rüttelten an
dem Haus. Da stürzte es ein und wurde völlig zerstört.
Als Jesus zu reden aufgehört hatte, waren die Leute
sehr beeindruckt von seinen Worten. Denn sie merkten:
Hier hat Gott selber gesprochen.
(nach Mt 7,24-28)

Gleichnisse

*Jesus lebte in Israel. Die Menschen dort sprechen eine
andere Sprache. Vor allem haben sie viel mehr Freude am
Erzählen als wir hier. Jesus hat zum Beispiel viele Gleichnisse erzählt. In diesen Alltagsgeschichten zeigt er, wie
Gott in unserem Leben vorkommt.*
*Viele dieser Gleichnisse haben sich die Leute auch nach
Jesu Tod weitererzählt, weil sie zeigen, wie nahe Gott
uns ist und wie wichtig wir ihm sind, damals, heute und
jeden Tag neu.*

Vom verlorenen Schaf und von der verlorenen Drachme

Viele Menschen kamen, um Jesus zu hören: Männer, Frauen und Kinder. Darunter waren auch solche, die zu anderen gemein waren und sie betrogen hatten; auch solche, die keiner mochte und die deswegen allein waren; auch solche, die sich selbst für besonders klug und gut hielten. Die Pharisäer und Schriftgelehrten waren darüber zornig und sagten: Jesus hat mit schlechten Leuten zu tun, er ißt sogar mit ihnen.

Da erzählte ihnen Jesus zwei Gleichnisse, die ihnen zeigen sollten, wie Gott sich um alle Menschen sorgt. Er sagte:

Wenn einer von euch hundert Schafe hat und eins davon verliert, was macht er dann? Läßt er dann nicht neunundneunzig Schafe allein und sucht das eine, bis er es findet? Und wenn er es gefunden hat, nimmt er es voll Freude auf die Schultern und bringt es nach Hause. Dort ruft er alle Freunde und Nachbarn zusammen und sagt zu ihnen: Freut euch mit mir, denn ich habe mein Schaf wiedergefunden, das verloren war.

Und was macht eine Frau, die zehn Drachmen hat und eine verliert? (Die Drachme war ein römisches Geldstück zur Zeit Jesu. Für eine Drachme mußte ein Mann einen ganzen Tag lang hart arbeiten, um sie zu verdienen.) Zündet die Frau nicht ein Licht an und sucht in allen Ecken des Hauses? Und nimmt sie nicht vielleicht sogar einen Besen und fegt, um das wertvolle Geldstück klirren zu hören? Bestimmt sucht sie so lange, bis sie das Geldstück findet. Und wenn sie es gefunden hat, dann ruft sie ihre Freundinnen und Nachbarinnen zusammen und sagt: Freut euch mit mir, denn ich habe die Drachme wiedergefunden, die ich verloren hatte.

Ich sage euch: Ebenso wie der Hirte und die Frau mit ihren Freundinnen und Nachbarinnen freuen sich Gott

und seine Engel über jeden Menschen, der sich zum
Guten ändert.
(nach Lk 15,1-10)

Vom unbegreiflich gütigen Vater

Ein Mann hatte zwei Söhne. Der jüngere sagte zu seinem Vater: Vater, gib mir den Teil des Erbes, der mir
zusteht. Da teilte der Vater das Vermögen auf. Gleich
packte der jüngere Sohn seine Sachen und zog in ein
fernes Land. Dort lebte er in Saus und Braus und gab
das ganze Geld aus. Dann kam eine große Hungersnot,
und er hatte nicht einmal etwas zu essen. Er arbeitete
als Schweinehirt. Gern hätte er wenigstens das Schwei-
nefutter gegessen, aber nicht einmal das bekam er.
Da fing er an zu überlegen: Alle Arbeiter meines Vaters
haben mehr als genug zu essen, und ich komme hier vor
Hunger fast um. Ich will zu meinem Vater zurückkehren
und ihm sagen: Ich habe alles falsch gemacht. Ich bin
nicht mehr wert, dein Sohn zu sein. Mach mich zu einem
deiner Arbeiter. Dann kehrte er zu seinem Vater zurück.
Der Vater sah ihn schon von weitem kommen. Er freute
sich unglaublich, seinen Sohn wiederzusehen. Er hatte
Mitleid mit ihm und lief ihm entgegen. Dann fiel er ihm
um den Hals und küßte ihn. Da sagte der Sohn: Vater,
ich habe alles falsch gemacht. Bestimmt kannst du mich
jetzt nicht mehr leiden, und Gott mag mich sicher auch
nicht mehr. Ich kann nicht mehr dein Sohn sein. Aber
mach mich wenigstens zu einem deiner Arbeiter.
Der Vater jedoch sagte zu seinen Knechten: Holt schnell
das beste Gewand, und zieht es ihm an, steckt ihm
einen Ring an die Hand, und zieht ihm Schuhe an.
Schließlich ist und bleibt er doch mein Sohn. Bringt
das beste Kalb her, und schlachtet es. Wir wollen essen
und fröhlich sein. Denn mein Sohn war tot und lebt
wieder; er war verloren und ist wiedergefunden worden.

Und sie begannen, ein fröhliches Fest zu feiern.
Sein älterer Sohn war zu dieser Zeit gerade auf dem
Feld. Als er heimging und in die Nähe des Hauses kam,
hörte er Musik und Tanz. Da rief er einen der Knechte
und fragte, was das zu bedeuten habe. Dieser antwortete: Dein Bruder ist zurückgekommen, und dein Vater
hat das beste Kalb schlachten lassen, weil er ihn gesund
wiederbekommen hat. Da wurde der ältere Bruder zornig und wollte nicht hineingehen.
Sein Vater kam heraus und redete ihm gut zu. Doch er
antwortete dem Vater: So viele Jahre schon arbeite ich
bei dir. Nie habe ich etwas gegen deinen Willen gemacht.
Und du? Nie hast du mir auch nur eine Ziege geschenkt,
damit ich mit meinen Freunden hätte ein kleines Fest
feiern können. Kaum aber ist der da, dein Sohn, gekommen, der dein ganzes Geld verjubelt hat, da hast du für
ihn gleich das beste Kalb geschlachtet. Da antwortete
sein Vater: Mein Kind, du bist immer bei mir, und alles,
was ich habe, gehört auch dir. Aber jetzt müssen wir
uns doch freuen und ein Fest feiern. Denn dein Bruder
war wie tot und lebt wieder. Er war wie verloren und ist
wiedergefunden worden.
(nach Lk 15,11-32)

Vom barmherzigen Samariter

*Zur Zeit Jesu lebten verschiedene Volksgruppen in Israel,
die kaum Berührung miteinander hatten. Die Leute aus
Samarien z. B. galten als Fremde, und die Römer, die das
Land beherrschten, waren nicht nur Fremde, sondern galten obendrein noch als Menschen ohne Glauben. Die Lehrer der Heiligen Schriften stritten darüber, für wen die Gebote und Gesetze, die in der Bibel stehen, eigentlich
gelten sollten und welche Gebote die wichtigsten sind.
Manche dachten kleinlich und wollten einfach alles ganz
genau machen. Andere meinten: Wenn wir alle Vorschrif-*

ten einhalten, dann ist das genug, mehr brauchen wir
nicht zu tun. Wieder andere hatten Angst, sie könnten
vielleicht nicht genug machen, um vor Gott bestehen zu
können. Nicht alle hatten Zeit und Gelegenheit, sich an jedes Gebot und an jede Vorschrift zu halten. Manche waren auch gar nicht so gebildet und wußten deshalb nicht
so genau Bescheid, wonach sie sich richten sollten. Ihnen
allen galt die folgende Geschichte:

Ein Lehrer der Heiligen Schriften wollte Jesus auf die
Probe stellen und fragte ihn: Meister, was muß ich tun,
um so zu leben, daß ich von Gott angenommen bin?
Jesus sagte zu ihm: Was steht denn in der Bibel? Er
antwortete: Du sollst den Herrn, deinen Gott, lieben
mit ganzem Herzen und ganzer Seele, mit all deiner
Kraft und mit all deinen Gedanken. Und es heißt dort
auch: Deinen Nächsten sollst du lieben wie dich selbst.
Jesus sagte zu ihm: Du hast richtig geantwortet. Handle
so, und du wirst richtig leben und von Gott angenommen sein. Der Lehrer der Heiligen Schriften war damit
aber nicht zufrieden. Er fragte weiter: Und wer ist mein
Nächster?
Darauf antwortete ihm Jesus: Ein Mann ging von Jerusalem nach Jericho hinab. (Jericho liegt 27 km von
Jerusalem entfernt, etwa 1000 Meter tiefer als Jerusalem,
in einer Senke des Jordanflusses. Der Weg führt durch
eine Felswüste mit vielen Schluchten und Höhlen.) Der
Mann wurde von Räubern überfallen. Sie plünderten
ihn aus und ließen ihn halbtot liegen. Zufällig kam auch
ein Priester denselben Weg herab. Er kam vom Tempel-
dienst in Jerusalem. Er sah ihn und ging weiter. Es kam
auch ein Levit dort vorbei. (Leviten halfen den Priestern
beim Dienst im Tempel.) Er sah ihn und ging weiter.
Dann kam ein Mann aus Samarien, der auf der Reise
war. (Die Leute aus Samarien galten als Fremde, obwohl

123

sie im gleichen Land wohnten.) Als er ihn sah, hatte er Mitleid, ging zu ihm hin, pflegte seine Wunden und verband sie. Dann hob er ihn auf seinen Esel, brachte ihn zu einer Herberge und sorgte für ihn. Am anderen Morgen gab er dem Wirt Geld und sagte: Sorge für ihn; und wenn du mehr Geld brauchst, werde ich es dir bezahlen, wenn ich wieder vorbeikomme.

Was meinst du nun? fragte Jesus. Wer war für den Überfallenen der Nächste: der Priester, der Levit oder der Mann aus Samarien? Der Lehrer der Heiligen Schriften antwortete Jesus: Der, der barmherzig an ihm gehandelt hat. Da sagte Jesus zu ihm: Dann geh und handle genauso! (nach Lk 10,25-37)

Frage also nicht, was du gerade noch tun mußt, sondern stell dir vor, du wärest der Überfallene, dann weißt du, worauf es ankommt.

Vom Pharisäer und vom Zöllner

Jesus begegnete immer wieder Leuten, die sich viel darauf einbildeten, besonders gerecht oder besonders fromm zu sein. Solche Leute gab es damals und gibt es auch heute: Sie meinen, im Vergleich zu anderen etwas Besseres zu sein: reicher, klüger, einflußreicher, frömmer. Jesus zeigt in einer Geschichte, daß er die Sache ganz anders sieht. Und Gott wohl auch. In der Erzählung werden Pharisäer und Zöllner erwähnt. Die Pharisäer waren damals einflußreiche Leute, die sich streng an die überlieferten Gesetze hielten. Sie meinten, damit Gott besonders zu gefallen. Die Zöllner erhoben für die römische Besatzung bei ihren Landsleuten Zölle. Sie waren sehr unbeliebt, weil sie mit Fremden und Ungläubigen zusammenarbeiteten. Außerdem konnten sie nur selber von dieser Arbeit leben, wenn sie mehr Zoll verlangten als sie den Römern abliefern mußten. Darum galten sie als Betrüger.

Einigen, die sich für besonders gerecht hielten und
darum andere verachteten, erzählte Jesus die folgende
Geschichte:
Zwei Männer gingen zum Tempel hinauf, um zu beten.
Der eine war ein Pharisäer, der andere war ein Zöllner.
Der Pharisäer stellte sich hin und betete leise so: Gott,
ich danke dir, daß ich nicht wie die anderen Menschen
bin, wie die Räuber, Betrüger, Diebe oder auch wie dieser Zöllner dort. Ich faste zweimal in der Woche und
gebe dem Tempel den zehnten Teil meines ganzen Ein-
kommens. Der Zöllner dagegen blieb ganz hinten stehen,
tief gebeugt. Er wagte es nicht, nach oben zu blicken.
Er schlug sich an die Brust (er meinte, nicht würdig zu
sein, mit Gott zu sprechen) und betete: Gott, sei mir
Sünder gnädig! Ich sage euch: Sein Gebet hörte Gott,
das des Pharisäers nicht. Denn Gott mag Leute nicht,
die sich einbilden, besser als andere zu sein. Aber Gott
mag die, die ehrlich zu sich und zu anderen sind.
(nach Lk 18,9-14)

*Jesus hat in seinen Gleichnissen darauf aufmerksam ge-
macht, daß Gott jeden Menschen in seine Nähe ruft. Es
sind die Menschen selbst, die durch ihr eigenes Verhalten
die Einladung Gottes ablehnen oder „verschlafen". Wer
klug ist, überlegt sich rechtzeitig, worauf es ankommt.*

Vom großen Festmahl

Jesus sagte: Ein Mann lud zu einem großen Festmahl
viele Leute ein. Als es dann soweit war, ließ er den einge-
ladenen Gästen mitteilen: Kommt, es steht alles bereit!
Aber einer nach dem andern hatte eine Ausrede.
Der erste ließ sagen: Ich habe einen Acker gekauft und
muß ihn jetzt besichtigen. Bitte, entschuldige mich! Ein
anderer sagte: Ich habe einige Ochsen gekauft und muß
sie mir ansehen. Bitte, entschuldige mich! Wieder ein

anderer sagte: Ich habe gerade geheiratet und kann deshalb nicht kommen. Bitte, entschuldige mich!
Da wurde der Mann zornig und sagte zu seinem Diener: Geh auf die Straßen der Stadt und hole die Armen und Krüppel, die Blinden und Lahmen herbei. Das tat der Diener. Dann sagte er: Es ist immer noch Platz. Da sagte der Mann zu ihm: So geh halt auf die Landstraßen vor der Stadt und lade alle ein. Mein Haus soll zum Festmahl doch voll werden. Euch aber, die ihr mir gerade zuhört, sage ich: Keiner von denen, die am Anfang eingeladen waren, wird an meinem Festmahl teilnehmen.
(nach Lk 14,15-24)

Von den zehn jungen Mädchen
Zehn junge Mädchen nahmen Lampen und gingen in einem Hochzeitszug dem Bräutigam entgegen. Fünf von ihnen waren dumm, fünf waren klug. Die dummen nahmen ihre Lampen mit, aber kein Öl zum Nachfüllen der Lampen. Die klugen aber nahmen auch Öl in Krügen mit. Als der Bräutigam auf sich warten ließ, wurden alle müde und schliefen ein. Das Öl in den Lampen ging immer mehr zur Neige. Mitten in der Nacht hörte man plötzlich laute Rufe: Der Bräutigam kommt! Geht ihm entgegen! Da standen alle Mädchen auf und machten ihre Lampen zurecht. Die dummen sagten zu den klugen: Gebt uns von eurem Öl, das ihr in euren Krügen habt, sonst gehen unsere Lampen gleich aus. Die klugen antworteten: Nein, dann reicht es weder für uns noch für euch. Geht doch Öl kaufen! Während sie das Öl kauften, kam der Bräutigam. Die Mädchen, die bereit waren, gingen mit Ihm in den Hochzeitssaal. Die Türen wurden geschlossen. Später kamen auch die anderen und riefen: Herr, mach uns auf! Der aber antwortete: Jetzt ist es zu spät.
(nach Mt 25,1-13)

Vom Weltgericht

Wenn der Menschensohn in seiner Herrlichkeit kommt und alle Engel mit ihm, dann wird er sich auf den Thron seiner Herrlichkeit setzen. Und alle Völker werden vor ihm zusammengerufen werden, und er wird sie voneinander scheiden, wie der Hirt die Schafe von den Böcken scheidet. Er wird die Schafe zu seiner Rechten versammeln, die Böcke aber zur Linken.

Dann wird der König denen auf der rechten Seite sagen: Kommt her, die ihr von meinem Vater gesegnet seid, nehmt das Reich in Besitz, das seit Erschaffung der Welt euch bestimmt ist! Denn ich war hungrig, und ihr habt mir zu essen gegeben; ich war durstig, und ihr habt mir zu trinken gegeben; ich war fremd und obdachlos, und ihr habt mich aufgenommen; ich war nackt, und ihr habt mir Kleidung gegeben; ich war krank, und ihr habt mich besucht; ich war im Gefängnis, und ihr seid zu mir gekommen.

Dann werden ihm die Gerechten antworten: Herr, wann haben wir dich hungrig gesehen und dir zu essen gegeben oder durstig und dir zu trinken gegeben? Und wann haben wir dich fremd und obdachlos gesehen und aufgenommen oder nackt und dir Kleidung gegeben? Und wann haben wir dich krank oder im Gefängnis gesehen und sind zu dir gekommen?

Darauf wird der König ihnen antworten: Amen, ich sage euch: Was ihr für einen meiner geringsten Brüder getan habt, das habt ihr mir getan.

Dann wird er sich auch an die auf der linken Seite wenden und zu ihnen sagen: Weg von mir in das ewige Feuer! Denn ich war hungrig, und ihr habt mir nichts zu essen gegeben; ich war durstig, und ihr habt mir nichts zu trinken gegeben; ich war fremd und obdachlos, und ihr habt mich nicht aufgenommen; ich war nackt, und ihr habt mir keine Kleidung gegeben; ich war krank und im Gefängnis, und ihr habt mich nicht besucht.

Dann werden auch sie antworten: Herr, wann haben wir dich hungrig oder durstig oder obdachlos oder nackt oder krank oder im Gefängnis gesehen und haben dir nicht geholfen?

Darauf wird er ihnen antworten: Amen, ich sage euch: Was ihr für einen dieser Geringsten nicht getan habt, das habt ihr auch mir nicht getan.

Und sie werden weggehen und die ewige Strafe erhalten, die Gerechten aber das ewige Leben.

(nach Mt 25,31-46)

Erzählungen vom Leiden Jesu

Jesus wollte, daß seine Botschaft nicht nur in seiner Heimat Galiläa gehört würde, sondern auch in der Hauptstadt des Landes. So beschloß er, zusammen mit seinen Jüngern zum Pascha-Fest nach Jerusalem zu ziehen, um auch dort seine Botschaft zu verkünden.

Jesus in Jerusalem

Als sie in die Nähe von Jerusalem kamen, nach Betanien, schickte er zwei seiner Jünger voraus. Er sagte zu ihnen: „Geht in das Dorf, das vor euch liegt; gleich wenn ihr hineinkommt, werdet ihr einen jungen Esel angebunden finden, auf dem noch nie ein Mensch gesessen hat. Bindet ihn los, und bringt ihn her!" Sie brachten den jungen Esel zu Jesus, legten ihre Kleider auf das Tier, und er setzte sich darauf. Und viele breiteten ihre Kleider auf der Straße aus; andere rissen auf den Feldern Zweige von den Büschen ab und streuten sie auf den Weg. Die Leute, die vor ihm hergingen und die ihm folgten, riefen: „Hosanna! Gesegnet bist du!

Mit dir kommt das Reich Gottes auch zu uns. Hosanna
in der Höhe!"
Und Jesus zog nach Jerusalem hinein.

Jesus im Tempel

Am nächsten Tag ging er in den Tempel, das Haus Gottes. Dort war viel los, weil bald das Pascha-Fest statt-
fand, und es wimmelte von Händlern und Geldwechs-
lern, die dort auf dem Tempelplatz ihre Geschäfte
machten. Jesus wurde wütend und begann, die Händler
und Käufer hinauszutreiben; er stieß die Tische der
Geldwechsler und die Stände der Taubenhändler um
und sagte: „Das Haus Gottes soll ein Haus des Gebetes
für alle Völker sein! Ihr aber habt daraus eine Räuberhöhle gemacht." Die Hohenpriester, die in Jerusalem
das Sagen hatten, hörten davon und suchten nach einer
Möglichkeit, ihn deshalb vor Gericht zu bringen. Sie
fürchteten ihn aber auch, weil alle Leute sehr beeindruckt waren von dem, was Jesus sagte. Da es allerdings zwei Tage vor dem Pascha-Fest war, sagten sie
zueinander: „Auf keinen Fall am Fest, damit es in der
Stadt keine Unruhen gibt." Wegen des Festes waren
nämlich viele Leute in der Stadt.

Jesus wird verraten

Als Jesus einmal eines Abends mit seinen Jüngern bei
Freunden zu Gast war, kam eine Frau mit einem Alaba-
stergefäß voll echtem, kostbarem Parfumöl, zerbrach es
und goß das Öl über sein Haar. Einige seiner Jünger
aber wurden unwillig und sagten zueinander: „Wozu
diese Verschwendung? Man hätte das Öl um mehr als
dreihundert Denare verkaufen und das Geld den Armen
geben können." (Für dreihundert Denare mußte damals
jemand ein ganzes Jahr arbeiten!) Und sie machten der
Frau heftige Vorwürfe. Jesus aber sagte: „Hört auf!

130

Warum laßt ihr sie nicht in Ruhe? Die Armen habt ihr
immer bei euch, und ihr könnt ihnen Gutes tun, so oft
ihr wollt; mich aber habt ihr nicht immer, denn bald
werde ich sterben. Sie hat getan, was sie konnte, und
hat mir Kraft gegeben. Überall auf der Welt, wo einmal
von mir erzählt werden wird, wird man sich auch an sie
erinnern und erzählen, was sie heute getan hat."
Judas Iskariot aber, auch einer von den Jüngern, ging zu
den Hohenpriestern und wollte Jesus an sie ausliefern.
Als sie das hörten, freuten sie sich und versprachen,
ihm Geld dafür zu geben. Von da an suchte er nach einer
günstigen Gelegenheit, Jesus zu verraten.

Die Fußwaschung

Am Tag vor dem Pascha-Fest, an dem man das Pascha-
lamm schlachtete und zusammen aß, feierte auch Jesus
mit seinen Jüngern das Pascha-Mahl. Bevor jedoch das
Mahl begann, stand Jesus auf, legte sein Gewand ab
und band sich ein Leinentuch um. Dann goß er Wasser
in eine Schüssel und begann, den Jüngern wie ein Sklave die Füße zu waschen und mit dem Leinentuch abzu-
trocknen. Als er zu Simon Petrus kam, sagte dieser zu
ihm: „Du, Herr, willst mir die Füße waschen?" Jesus
antwortete ihm: „Was ich tue, verstehst du jetzt noch
nicht; doch später wirst du es begreifen." Petrus entgegnete ihm: „Niemals sollst du mir die Füße waschen!"
Jesus erwiderte ihm: „Wenn ich dir die Füße nicht
wasche, kannst du nicht zu mir gehören." Da sagte
Simon Petrus zu ihm: „Herr, dann nicht nur meine
Füße, sondern auch die Hände und das Haupt." Jesus
sagte zu ihm: „Dir brauche ich nur noch die Füße zu
waschen. Du bist rein, aber nicht alle von euch sind es."
Jesus wußte nämlich, wer von seinen Jüngern ihn verraten würde. Als er ihnen die Füße gewaschen, sein
Gewand wieder angelegt und Platz genommen hatte,

sagte er zu ihnen: „Begreift ihr, was ich an euch getan habe? Ihr sagt zu mir: Meister und Herr, und ihr nennt mich mit Recht so; denn ich bin es. Wenn nun ich, der Herr und Meister, euch wie ein Sklave die Füße gewaschen habe, was heißt das dann für euch? Ich habe euch ein Beispiel gegeben, damit ihr euch nicht zu Herren über andere macht, sondern einander helft. Nichts soll euch für eure Freunde zu viel sein."

Das Abendmahl

Während sie bei Tisch waren und aßen, sagte er: „Einer von euch wird mich verraten und ausliefern, einer von denen, die zusammen mit mir essen." Da wurden sie traurig, und einer nach dem andern fragte ihn: „Doch nicht etwa ich?" Er sagte zu ihnen: „Einer von euch, der mit mir aus derselben Schüssel ißt." Während des Mahls nahm er das Brot und sprach den Lobpreis; dann brach er das Brot, reichte es ihnen und sagte: „Nehmt, das ist mein Leib. So teile ich auch mein Leben mit euch." Dann nahm er den Kelch, sprach das Dankgebet, reichte ihn den Jüngern, und sie tranken alle daraus. Und er sagte zu ihnen: „Das ist mein Blut. Es verbindet uns bis in den Tod."

Jesus am Ölberg

Nach dem Mahl gingen sie zum Ölberg hinaus. Da sagte Jesus zu ihnen: „Keiner von euch wird zu mir halten. Alle werdet ihr davonlaufen. Aber nach meiner Auferstehung werde ich euch nach Galiläa vorausgehen." Da sagte Petrus zu ihm: „Auch wenn dich alle verlassen – ich nicht!" Jesus antwortete ihm: „Noch heute nacht, ehe der Hahn zweimal kräht, wirst du schon dreimal behauptet haben, daß du mich nicht einmal kennst." Petrus aber beteuerte: „Und wenn ich mit dir sterben müßte, nie würde ich so etwas tun." Das gleiche sagten

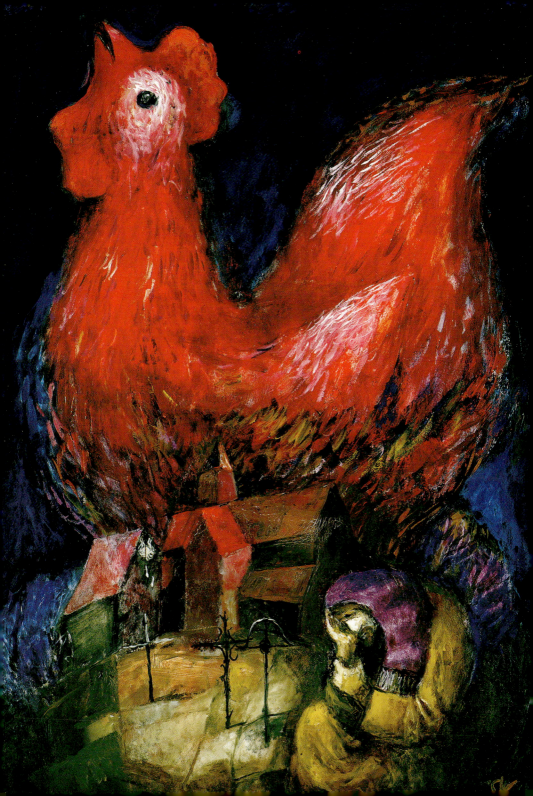

auch alle anderen. So kamen sie zu einem Grundstück, das Getsemani heißt, und er sagte zu seinen Jüngern: „Setzt euch, und wartet hier, während ich bete." Und er nahm Petrus, Jakobus und Johannes mit sich. Da ergriff ihn Furcht und Todesangst, und er sagte zu ihnen: „Ich bin todtraurig und habe Angst. Bleibt hier und bleibt wach!" Und er ging ein Stück weiter, warf sich auf die Erde nieder und betete. Er sprach: „Abba, Vater, alles ist dir möglich. Laß mich nicht so leiden. Aber nicht, was ich will, soll geschehen, sondern was du willst."
Und er ging zurück und fand die Jünger schlafend. Da sagte er zu Petrus: „Simon, du schläfst? Konntest du nicht einmal eine Stunde wach bleiben? Bleibt wach und betet, damit ihr nicht schwach werdet." Und er ging wieder weg und betete mit den gleichen Worten. Als er zurückkam, fand er sie wieder schlafend, denn die Augen waren ihnen zugefallen; und sie wußten nicht, was sie ihm antworten sollten. Und er kam zum drittenmal und sagte zu ihnen: „Schlaft ihr immer noch und ruht euch aus? Es ist genug. Steht auf, wir wollen gehen! Seht, der Verräter, der mich ausliefert, ist da."
Noch während er redete, kam Judas, einer der Jünger, mit einer Schar von Männern, die mit Schwertern und Knüppeln bewaffnet waren; sie waren vom Hohen Rat geschickt worden. Judas hatte mit ihnen ein Zeichen verabredet, wie sie Jesus in der Dunkelheit erkennen könnten, und gesagt: „Der, den ich küssen werde, der ist es. Nehmt ihn fest, führt ihn ab, und laßt ihn nicht entkommen." Und als er kam, ging er sogleich auf Jesus zu und sagte: „Rabbi!" Und er küßte ihn. Da ergriffen sie Jesus und nahmen ihn fest. Einer von denen, die dabeistanden, zog das Schwert, schlug auf den Diener des Hohenpriesters ein und hieb ihm ein Ohr ab. Da sagte Jesus zu ihnen: „Wie gegen einen Räuber seid ihr mit Schwertern und Knüppeln ausgezogen, um mich fest-

zunehmen. Tag für Tag war ich bei euch im Tempel und lehrte, und ihr habt mich nicht verhaftet." Alle seine Jünger aber verließen ihn und flohen.

Jesus vor dem Hohen Rat

Man führte Jesus zum Hohenpriester, und es versammelte sich der ganze Hohe Rat. Sie bemühten sich um Zeugenaussagen gegen Jesus, um ihn zum Tod verurteilen zu können; sie fanden aber nichts. Viele machten zwar falsche Aussagen über ihn, aber die Aussagen stimmten nicht überein. Einige der falschen Zeugen, die gegen ihn auftraten, behaupteten: „Wir haben ihn sagen hören: Ich werde diesen Tempel niederreißen und in drei Tagen einen anderen errichten, der nicht von Menschenhand gemacht ist." Aber auch in diesem Fall stimmten die Aussagen nicht überein. Da stand der Hohepriester auf, trat in die Mitte und fragte Jesus: „Willst du denn nichts sagen zu dem, was diese Leute gegen dich vorbringen?" Jesus aber schwieg und gab keine Antwort. Da wandte sich der Hohepriester nochmals an ihn und fragte: „Bist du der Messias, der Sohn Gottes?" Jesus sagte: „Ich bin es." Da zerriß der Hohepriester sein Gewand und rief: „Wozu brauchen wir noch Zeugen? Ihr habt diese Gotteslästerung gehört. Was ist eure Meinung?" Und sie fällten einstimmig das Urteil: „Er ist schuldig und muß sterben." Einige spuckten ihn an, andere schlugen ihn ins Gesicht.

Der Verrat des Petrus

Petrus war Jesus von weitem bis in den Hof des hohepriesterlichen Palastes gefolgt; nun saß er dort bei den Dienern und wärmte sich am Feuer. Da kam eine von den Mägden des Hohenpriesters. Sie sah, wie Petrus sich wärmte, blickte ihn an und sagte: „Auch du warst mit diesem Jesus aus Nazaret zusammen." Doch er log und sagte: „Ich weiß nicht und verstehe nicht, wovon du redest." Dann ging er in den Vorhof hinaus. Als die Magd ihn dort bemerkte, sagte sie zu denen, die dabeistanden, noch einmal: „Der gehört zu den Leuten um Jesus." Er aber log wieder, daß er Jesus nicht kenne. Wenig später sagten die Leute, die dort standen, von neuem zu Petrus: „Du gehörst wirklich zu ihnen; du bist doch auch ein Galiläer." Da fing er an zu fluchen und schwor: „Ich kenne diesen Menschen nicht, von dem ihr redet." Gleich darauf krähte der Hahn zum zweitenmal, und Petrus erinnerte sich, daß Jesus zu ihm gesagt hatte: „Ehe der Hahn zweimal kräht, wirst du schon dreimal behauptet haben, daß du mich nicht kennst." Und er begann zu weinen.

Jesus vor Pilatus

Gleich in der Frühe faßte der ganze Hohe Rat über Jesus einen Beschluß: Sie ließen ihn fesseln und abführen und lieferten ihn dem römischen Statthalter Pilatus aus. Pilatus fragte Jesus: „Bist du der König der Juden, wie diese behaupten?" Er antwortete ihm: „Du sagst es." Die Hohenpriester brachten bei Pilatus viele Anklagen gegen Jesus vor. Da wandte sich Pilatus wieder an ihn und fragte: „Willst du denn nichts dazu sagen? Sieh doch, wie viele Anklagen sie gegen dich vorbringen." Jesus aber gab keine Antwort mehr, so daß Pilatus sich wunderte.

Jeweils zum Fest aber ließ Pilatus einen Gefangenen frei. Damals saß gerade ein Mann namens Barabbas im Gefängnis, zusammen mit anderen Verbrechern, die bei einem Aufstand einen Mord begangen hatten. Die Volksmenge zog nun zu Pilatus hinauf und bat, ihnen wie jedes Jahr einen Gefangenen freizulassen. Pilatus fragte sie: „Wollt ihr, daß ich Jesus freilasse?" Er merkte nämlich, daß die Hohenpriester Jesus nur aus Neid an ihn

136

ausgeliefert hatten. Die Hohenpriester aber hetzten die Menge auf, lieber die Freilassung des Barabbas zu fordern. Pilatus wandte sich von neuem an sie und fragte: „Was soll ich dann mit Jesus tun, den ihr den König der Juden nennt?" Da schrien sie: „Kreuzige ihn!" Pilatus entgegnete: „Was hat er denn für ein Verbrechen begangen?" Sie schrien noch lauter: „Kreuzige ihn!" Darauf ließ Pilatus, um die Menge zufriedenzustellen, Barabbas frei und gab den Befehl, Jesus zu geißeln und zu kreuzigen.

Die Soldaten führten ihn in den Palast hinein. Dann legten sie ihm einen Purpurmantel um und flochten einen Dornenkranz; den setzten sie ihm auf und verspotteten ihn: „Heil dir, König der Juden!" Sie schlugen ihm mit einem Stock auf den Kopf, spuckten ihn an und knieten vor ihm nieder wie vor einem König. Nachdem sie so ihren Spott mit ihm getrieben hatten, nahmen sie ihm den Purpurmantel ab und zogen ihm seine eigenen Kleider wieder an.

Jesu Kreuzigung

Dann führten sie Jesus hinaus, um ihn zu kreuzigen. Einen Mann, der gerade vom Feld kam, Simon von Zyrene, zwangen sie, sein Kreuz zu tragen. Und sie brachten Jesus an einen Ort namens Golgota, das heißt übersetzt: Schädelhöhe. Dort zogen sie ihm die Kleider aus und kreuzigten ihn. Sie verlosten seine Kleider unter sich und gaben jedem, was ihm zufiel. Es war am Morgen, als sie ihn kreuzigten. Und eine Aufschrift auf einer Tafel gab seine Schuld an: „Der König der Juden". Zusammen mit ihm kreuzigten sie zwei Räuber, den einen rechts von ihm, den andern links. Die Leute, die vorbeikamen, verhöhnten ihn, schüttelten den Kopf und riefen: „Ach, du willst den Tempel niederreißen und in drei Tagen wieder aufbauen? Hilf dir doch selbst, und steig

137

herab vom Kreuz!" Auch die Hohenpriester und die
Schriftgelehrten verhöhnten ihn und sagten zueinander:
„Anderen hat er geholfen, sich selbst kann er nicht helfen. Der Messias, der König von Israel! Er soll doch jetzt
vom Kreuz herabsteigen, damit wir sehen und glauben."
Auch die beiden Männer, die mit ihm zusammen gekreuzigt wurden, beschimpften ihn.
Als die Mittagsstunde kam, brach über das ganze Land
eine Finsternis herein. Sie dauerte bis zum Nachmittag.
Da rief Jesus mit lauter Stimme: „Mein Gott, mein Gott,
warum hast du mich verlassen?" Noch einmal schrie er
laut auf, dann starb er. Als der römische Hauptmann,
der Jesus gegenüberstand, ihn auf diese Weise sterben
sah, sagte er: „Wirklich, dieser Mensch war Gottes
Sohn." Auch einige Frauen sahen von weitem zu, darunter auch Maria aus Magdala; sie waren Jesus schon in
Galiläa nachgefolgt und hatten ihm geholfen. Noch viele
andere Frauen waren dabei, die mit ihm nach Jerusalem
hinaufgezogen waren.
Da es der Tag vor dem Sabbat war und es schon Abend
wurde, ging Josef von Arimathäa, ein vornehmer Rats-
herr, der ein heimlicher Anhänger Jesu war, zu Pilatus
und bat ihn um den Leichnam Jesu. Josef kaufte ein
Leinentuch, nahm Jesus vom Kreuz, wickelte ihn in das
Tuch und legte ihn in ein Grab, das in einen Felsen ge-
hauen war. Dann wälzte er einen Stein vor den Eingang
des Grabes.
(nach Mk, Mt, Lk, Joh)

Erzählungen von Jesu Auferstehung

Maria war in Magdala am See Gennesaret zu Hause. Der kleine Fischerort war nicht weit weg von Kafarnaum, wo Simon Petrus wohnte. Jesus war oft in dieser Gegend gewesen. Meist hatte er bei Petrus gewohnt, bei dessen Frau und dessen Schwiegermutter. Er war oft am See entlang gewandert und hatte den Menschen von Gott erzählt. Er hatte viele Kranke geheilt und Menschen gerufen, ihm zu folgen. Maria aus Magdala war ihm bis nach Jerusalem gefolgt. Sie hatte ihm vertraut, ihn geliebt, auf ihn gehofft. Die Kreuzigung Jesu hatte sie dann mit Angst und Trauer erfüllt. Aber immer noch war in ihr das Verlangen, Jesus ganz nahe zu sein. Und das letzte Fünkchen Hoffnung konnten ihr auch die nicht nehmen, die Jesus umgebracht hatten. Vielleicht stimmte es ja doch, was Jesus vom „erfüllten Leben" erzählt hatte?

Maria von Magdala begegnet dem Auferstandenen

Am Sonntag, dem ersten Tag der Woche, kam Maria von Magdala frühmorgens, als es noch dunkel war, zum Grab. Da sah sie, daß der Stein von der Grabhöhle weggerollt war. Schnell lief sie zurück zu Simon Petrus und zu Johannes, dem Jünger, den Jesus besonders gern hatte, und sagte zu ihnen: Jemand hat Jesus aus dem Grab weggenommen, und ich weiß nicht, wohin man ihn gelegt hat. Da gingen Petrus und Johannes hinaus; sie liefen, so schnell sie konnten, zum Grab. Johannes war zuerst da. Er beugte sich vor und sah die Leinenbinden liegen, in die Jesus gewickelt war. Aber er ging nicht hinein. Da kam auch Simon Petrus und ging in das Grab hinein. Er sah die Leinenbinden liegen und das Tuch, das auf dem Kopf Jesu gelegen hatte. Es lag nicht bei den Leinenbinden, sondern zusammengelegt daneben. Jetzt ging auch Johannes in das Grab hinein. Er

139

sah und glaubte. Dann kehrten sie nach Hause zurück.
Maria aber stand draußen vor dem Grab und weinte.
Während sie weinte, beugte sie sich in die Grabkammer
hinein. Da sah sie zwei Engel in weißen Gewändern
sitzen. Der eine saß dort, wo der Kopf Jesu gelegen hatte.
Der andere war da, wo die Füße des Leichnams gelegen
hatten. Die Engel sagten zu ihr: Frau, warum weinst
du? Sie antwortete ihnen: Man hat meinen Herrn weggenommen, und ich weiß nicht, wohin man ihn gelegt
hat. Als sie das gesagt hatte, drehte sie sich um und sah
Jesus dastehen. Sie wußte aber nicht, daß es Jesus war.
Er sagte zu ihr: Frau, warum weinst du? Wen suchst
du? Sie meinte, es sei der Gärtner, und sagte zu ihm:
Herr, wenn du ihn weggebracht hast, sag mir, wohin
du ihn gelegt hast. Dann will ich ihn holen. Jesus sagte
zu ihr: Maria! Da wandte sie sich zu ihm und sagte auf
hebräisch zu ihm: Rabbuni! (das heißt: mein Meister).
Jesus sagte zu ihr: Halte mich nicht fest, denn ich bin
noch nicht zu meinem Vater hinaufgegangen. Geh aber
zu meinen Brüdern und sag ihnen: Ich gehe hinauf zu
meinem Vater und zu eurem Vater, zu meinem Gott und
zu eurem Gott. Maria aus Magdala ging zu den Jüngern
und sagte ihnen: Ich habe den Herrn gesehen.
(nach Joh 20,1-18)

Die Begegnung Jesu mit den Jüngern in Jerusalem
Am Abend dieses Tages waren die Jünger versammelt
und hatten die Türen verschlossen. Da kam Jesus, trat
in ihre Mitte und sagte zu ihnen: Friede sei mit euch!
Nach diesen Worten zeigte er ihnen seine Hände und die
Wunde an seiner Seite. Da freuten sich die Jünger, daß
sie den Herrn sahen. Jesus sagte zu ihnen: Wie mich
der Vater gesandt hat, so sende ich euch. Er hauchte sie
an und sagte zu ihnen: Empfangt heiligen Geist!
Thomas, einer der zwölf, war nicht bei ihnen, als Jesus

140

kam. Die anderen Jünger sagten zu ihm: Wir haben
den Herrn gesehen. Er glaubte es aber nicht und sagte:
Wenn ich nicht die Wunden seiner Nägel an seinen
Händen sehe und wenn ich seine Wunden nicht mit
meinen Fingern berühren kann, glaube ich nicht. Eine
Woche später waren die Jünger wieder versammelt.
Thomas war auch dabei. Die Türen waren wieder verschlossen. Da kam Jesus, trat in ihre Mitte und sagte:
Friede sei mit euch! Dann sagte er zu Thomas: Streck
deinen Finger aus – hier sind meine Hände! Sei nicht
ungläubig, sondern gläubig! Thomas antwortete ihm:
Mein Herr und mein Gott! Jesus sagte zu ihm: Weil du
mich gesehen hast, glaubst du. Selig sind, die nicht
sehen und doch glauben.
(nach Joh 20,19-29)

Die Begegnung mit dem Auferstandenen auf dem Weg nach Emmaus

Zwei von den Jüngern waren auf dem Weg in ein Dorf
namens Emmaus, das etwa zwölf Kilometer von Jerusalem entfernt ist. Sie sprachen über all das, was in den
letzten Tagen geschehen war. Während sie redeten, kam
Jesus dazu und ging mit ihnen. Aber sie waren wie
blind, so daß sie ihn nicht erkannten. Er fragte sie:
Was sind das für Dinge, über die ihr auf eurem Weg miteinander redet? Da blieben sie traurig stehen. Der eine
von ihnen – er hieß Kleopas – antwortete ihm: Bist du
so fremd in Jerusalem, daß du als einziger nicht weißt,
was in diesen Tagen dort geschehen ist? Jesus fragte
sie: Was denn? Sie antworteten ihm: Das mit Jesus aus
Nazaret. Er war ein Prophet, mächtig in Wort und Tat
vor Gott und dem ganzen Volk. Doch unsere Hohenpriester und Führer haben ihn zum Tod verurteilen und
ans Kreuz schlagen lassen. Wir aber hatten gehofft, daß
er der sei, der Israel erlösen werde. Und dazu ist heute

schon der dritte Tag, seitdem das alles geschehen ist.
Aber nicht nur das: Auch einige Frauen aus unserem
Kreis haben uns in große Aufregung versetzt. Sie waren
heute früh beim Grab. Den toten Jesus fanden sie aber
nicht. Als sie zurückkamen, erzählten sie, es seien ihnen
Engel erschienen und hätten gesagt, daß er lebe. Einige
von uns gingen dann zum Grab und fanden alles so, wie
die Frauen es gesagt hatten. Ihn selbst aber sahen sie
nicht.
Da sagte Jesus zu ihnen: Begreift ihr denn nicht? Wie
schwer fällt es euch, alles zu glauben, was die Propheten
gesagt haben. Und er erklärte ihnen, was in den ganzen
heiligen Schriften des Volkes Israel über ihn geschrieben
steht. Bald erreichten sie das Dorf Emmaus, zu dem sie
unterwegs waren. Jesus tat, als wollte er weitergehen.
Sie aber drängten ihn und sagten: Herr, bleibe bei uns,
denn es will Abend werden, und der Tag hat sich ge-
neigt. Da ging er mit ihnen hinein, um mit ihnen zu essen. Beim Essen nahm er das Brot, dankte Gott, brach
das Brot und gab es ihnen. Da gingen ihnen die Augen
auf, und sie erkannten ihn. Dann sahen sie ihn nicht
mehr. Sie sagten zueinander: Brannte uns nicht das
Herz, als er unterwegs mit uns redete und uns die
Schrift erklärte? Sofort brachen sie auf und kehrten
nach Jerusalem zurück. Sie fanden die Elf und die anderen Jünger versammelt. Diese sagten: Der Herr ist
wirklich auferstanden und ist dem Simon erschienen.
Da erzählten auch sie, was sie unterwegs erlebt und wie
sie ihn erkannt hatten, als er das Brot brach.
(nach Lk 24,13-35)

Die Erscheinung des Auferstandenen am See

Die meisten Jünger waren nach der Kreuzigung Jesu nach Hause zurückgekehrt. Sie fingen wieder an, in ihren alten Berufen zu arbeiten. In ihrer alten Heimat, in Galiläa, weit weg von Jerusalem, machten sie die Erfahrung, daß Jesus nicht tot war, sondern wirklich lebte.

Es war am See Gennesaret. Simon Petrus ging zusammen mit Thomas und einigen anderen Jüngern zum Fischen. Sie fuhren mit dem Boot hinaus, fingen aber die ganze Nacht über nichts. Als es schon Morgen wurde, sahen sie jemanden am Ufer stehen. Sie wußten nicht, daß es Jesus war. Jesus sagte zu ihnen: Meine Kinder, habt ihr nicht etwas zu essen? Sie antworteten ihm: Nein. Er sagte zu ihnen: Werft das Netz auf der rechten Seite des Bootes aus, und ihr werdet etwas fangen. Sie warfen das Netz aus und konnten es nicht wieder einholen. Denn es war voller Fische. Da sagte Johannes zu Petrus: Es ist der Herr! Als Simon Petrus hörte, daß es Jesus sei, sprang er in den See und schwamm zum Ufer. Dann kamen die anderen Jünger mit dem Boot und zogen das Netz mit den Fischen hinter sich her. Als sie an Land gingen, sahen sie am Boden ein Kohlenfeuer und darauf Fisch und Brot. Jesus sagte zu ihnen: Bringt mir einige von den Fischen, die ihr gerade gefangen habt. Da ging Simon Petrus und zog das Netz ans Land. Es war mit 153 großen Fischen gefüllt. Obwohl es so viele waren, zerriß das Netz nicht. Jesus sagte zu ihnen: Kommt her und eßt! Keiner von den Jüngern fragte: Wer bist du? Denn sie wußten, daß es Jesus war.
(nach Joh 21,1-14)

Pfingsten und die ersten Christen in Jerusalem

Jesu Jünger und Maria, die Mutter Jesu, waren in Jerusalem versammelt, um das Wochenfest zu feiern. (Das Wochenfest ist ein großes Wallfahrtsfest zum Erntedank.) Da geschah etwas Unerhörtes.

Gottes Geist ergreift die Jünger

Plötzlich kam ein heftiger Sturm auf und erfüllte das Haus, in dem sie beisammen waren. Die Jünger waren verwundert und lauschten dem seltsamen Geräusch. Neugierig schauten sie sich um. Noch nie hatten sie solch ein Brausen des Windes gehört. Ein helles Licht leuchtete plötzlich über ihnen. Es erschien ihnen so, als ob strahlende Zungen wie von Feuer sich auf sie niederließen. Sie freuten sich sehr, denn sie spürten: Der Heilige Geist hatte sie ergriffen, wie Jesus es ihnen versprochen hatte. Sie rissen die Türen auf und rannten aus dem Haus. Jeder einzelne begann, in einer fremden Sprache zu reden, wie der Geist es ihnen eingab.

Nach Jerusalem waren Menschen aus verschiedenen Völkern zum Wallfahrtsfest gekommen; sie hatten ganz unterschiedliche Sprachen. Als der Sturm losbrach, strömten alle zusammen. Sie waren ganz bestürzt, denn jeder hörte die Jünger in seiner Sprache reden. Ganz außer sich sagten sie: Stammen die da nicht alle aus Galiläa? Wieso kann sie jeder von uns in seiner Muttersprache hören? Sie wußten zunächst überhaupt nicht, was das zu bedeuten hatte, und waren ratlos. Einige jedoch lachten und sagten: Die Männer da haben zuviel Wein getrunken, sie sind betrunken.

Als alle noch ratlos waren, trat Petrus hervor und sprach zu ihnen: Wir sind nicht betrunken, wie ihr denkt. Vielmehr ist jetzt geschehen, was schon die Propheten angekündigt haben: Gott wird seinen Geist über alle ausgießen. Alle werden Propheten sein, Männer und Frauen, Alte und Junge, Knechte und Mägde. Dann erzählte Petrus den Leuten alles, was Jesus getan hatte: Er hat Kranke geheilt, Trauernde getröstet und viele Zeichen und Wunder gewirkt. Trotzdem wurde er angeklagt, gefangengenommen und gekreuzigt. Doch am dritten Tag hat Gott ihn auferweckt. Uns hat er den Heiligen Geist geschenkt, damit wir in seinem Geist leben und seine Gedanken weitersagen.

Die Leute fragten Petrus: Was sollen wir jetzt tun? Er antwortete ihnen: Überlegt, wie Jesus gehandelt hat. Bemüht euch, friedlich miteinander zu leben und jeden zu seinem Recht kommen zu lassen. Vergeßt nicht den, der auf eure Hilfe wartet. Laßt euch taufen, damit ihr ganz zu Jesus gehört und seine Jünger seid.

Die Menschen, die Petrus zuhörten, waren begeistert von seinen Worten. Sie fühlten sich geborgen in der Gemeinschaft der Jesusjünger; ihre Zahl wuchs von Tag zu Tag. Man erkannte die Leute, die zu Jesus gehörten, daran, daß sie in ihren Häusern – wie einst Jesus – das Brot miteinander brachen und in Frieden und Freude miteinander lebten. Die Menschen, die sich zu Jesus bekannten, verkauften alles, was sie besaßen, und gaben davon ab, jedem so viel, wie er nötig hatte. Es war eine wunderbare Gemeinschaft.

(nach Apg 2)

Die Wahl der Sieben
Als die Zahl der Jünger zunahm, kam es zu Problemen unter den ersten Christen, weil manche Witwen bei der täglichen Versorgung vernachlassigt wurden. Da riefen die Zwölf die ganze Schar der Jünger zusammen und erklärten: „Es ist nicht recht, daß wir die Verkündigung des Wortes Gottes vernachlässigen und uns dem Dienst an den Tischen widmen. Brüder, wählt aus eurer Mitte sie-

ben Männer von gutem Ruf und voll Geist und Weisheit; ihnen werden wir diese Aufgabe übertragen. Wir aber wollen beim Gebet und bei der Verkündigung des Wortes Gottes bleiben." Alle fanden den Vorschlag gut. Sie wählten Stephanus und sechs andere Männer. Sie ließen sie vor die Apostel hintreten. Diese beteten und legten ihnen die Hände auf.

Und das Wort Gottes breitete sich aus. Die Zahl der Jünger in Jerusalem wurde immer größer.

(nach Apg 6)

Paulus

Die erste Gemeinschaft der Jesusjünger in Jerusalem hatte bald unter Verfolgungen zu leiden. Wer sich zu Jesus Christus bekannte und sein Jünger war, wurde von denen angefeindet, die Jesus ans Kreuz gebracht hatten. Der erste Jesusjünger, der bei solchen Streitigkeiten zu Tode kam, war Stephanus: Er wurde gesteinigt.
Viele Jesusanhänger verließen darum aus Angst Jerusalem. Aber auch an anderen Orten waren sie nicht sicher. Einer der schärfsten Gegner der Christen war Paulus, der mit jüdischem Namen Saul hieß. Er brachte viele ins Gefängnis. Bis er eines Tages selbst ein Jünger Jesu wurde.

Die Steinigung des Stephanus

Stephanus, einer der Sieben, tat unter dem Volk Wunder und große Zeichen. Aber einige Leute begannen mit ihm zu streiten; sie konnten jedoch der Weisheit und dem Geist, mit dem er sprach, nicht widerstehen. Da stifteten sie Männer zu der Aussage an: „Wir haben gehört, wie er gegen Mose und Gott lästerte." Sie hetzten das Volk, die Ältesten und Schriftgelehrten auf, packten ihn und schleppten ihn vor den Hohen Rat.

147

Sie brachten falsche Zeugen herbei, die sagten: „Dieser Mann hört nicht auf, gegen den Tempel und das Gesetz zu reden. Wir haben ihn sagen hören: Dieser Jesus wird diesen Ort zerstören und die Bräuche ändern, die uns Mose überliefert hat."
Als alle im Hohen Rat auf ihn blickten, erschien ihnen sein Gesicht wie das Gesicht eines Engels.
Er aber, erfüllt vom Heiligen Geist, blickte zum Himmel empor, sah die Herrlichkeit Gottes und Jesus zur Rechten Gottes stehen und rief: „Ich sehe den Himmel offen und den Menschensohn zur Rechten Gottes stehen!"
Da erhoben sie ein lautes Geschrei, hielte sich die Ohren zu, stürmten gemeinsam auf ihn los, trieben ihn zur Stadt hinaus und steinigten ihn. (Das war die übliche Strafe für Gotteslästerer.) Die Zeugen legten ihre Kleider zu Füßen eines Mannes nieder, der Saulus hieß.
So steinigten sie Stephanus; er aber betete und rief: „Herr Jesus, nimm meinen Geist auf!" Dann sank er in die Knie und schrie laut: „Herr, rechne ihnen diese Sünde nicht an!" Danach starb er. Fromme Männer bestatteten Stephanus und hielten die Totenklage für ihn.
An jenem Tag brach eine schwere Verfolgung über die Christen in Jerusalem herein. Saulus (der spätere Paulus) versuchte, die Christengemeinde zu vernichten; er drang in die Häuser ein, schleppte Männer und Frauen fort und lieferte sie ins Gefängnis ein. Da zerstreuten sich alle Christen mit Ausnahme der Apostel über das ganze Gebiet von Judäa und Samarien.
(nach Apg 6 – 8)

Paulus wird bekehrt
Paulus verfolgte die Anhänger Jesu. So wollte er auch die Jesusjünger in Damaskus gefangennehmen. Als Paulus sich Damaskus näherte, umstrahlte ihn plötzlich ein Licht vom Himmel. Er stürzte vom Pferd, fiel zu

Boden und hörte eine Stimme: Paulus, Paulus, warum
verfolgst du mich? Er fragte: Wer bist du, Herr? Da sagte
dieser: Ich bin Jesus, den du verfolgst. Steh auf und
geh in die Stadt. Dort wird man dir sagen, was du tun
sollst. Die Begleiter des Paulus waren ganz sprachlos.
Sie hörten zwar die Stimme, sahen aber niemand.
Als Paulus sich vom Boden erhob und die Augen öffnete,
sah er nichts mehr. Seine Begleiter führten ihn nach
Damaskus. Drei Tage lang war er blind, er aß nichts
und trank nichts.
In Damaskus lebte auch Hananias, ein Jünger Jesu.
Im Traum hörte er, wie jemand ihn rief: Hananias. Er
antwortete: Hier bin ich, Herr. Da sagte der Herr zu ihm:
Geh in die Gerade Straße zum Haus des Judas, und frag
dort nach Paulus. Hananias aber sagte: Herr, hat dieser
Paulus deinen Jüngern nicht schon viel Böses angetan?
Er bringt doch alle ins Gefängnis! Der Herr aber sprach:
Geh nur! Paulus soll meinen Namen bei den Völkern be-
kannt machen.
Da ging Hananias zu Paulus. Er legte ihm die Hände auf
und sagte: Paulus, der Herr hat mich zu dir geschickt,
Jesus, der dir vor den Toren der Stadt erschienen ist.
Du sollst wieder sehen können und mit heiligem Geist
erfüllt werden. Da fiel es wie Schuppen von seinen
Augen. Paulus konnte wieder sehen und ließ sich sofort
taufen.
Er blieb noch ein paar Tage in Damaskus und verkündete
dort in den Gotteshäusern: Jesus ist der Sohn Gottes.
Alle waren ganz außer sich. Wie konnte dieser Paulus
aus einem Feind zu einem Freund der Jünger Jesu
werden? Das konnte doch nicht wahr sein! Paulus aber
verkündete weiter voll Begeisterung seinen Glauben an
Jesus Christus und brachte damit alle in Verwirrung.
(nach Apg 9)

Paulus hatte es nicht leicht, sich gegen die ersten Apostel Petrus, Jakobus, Johannes und die anderen zu behaupten. Schließlich hatte er ja die Anhänger Jesu lange Zeit verfolgt. So traute man ihm nicht gleich. Es gab manch harte Worte und manchen Streit um den rechten Glauben an Jesus Christus – auch mit Petrus, z.B. auch über die Frage, ob Heiden, die Christen werden wollten, das ganze Gesetz des Mose halten müßten. Nach einiger Zeit wurde Paulus auch von den anderen als Apostel anerkannt, obwohl er Jesus selbst ja nie gekannt hatte. Paulus hat viele Gemeinden (so nannte man später die Gemeinschaften der Jesusjünger in den verschiedenen Städten) in der heutigen Türkei und in Griechenland gegründet. In der Bibel finden sich eine ganze Reihe von Briefen, die Paulus an solche Gemeinden geschrieben hat. Petrus und Paulus starben in Rom für ihren Glauben. Sie sind bis auf den heutigen Tag für die Christen die wichtigsten Apostel geblieben.

Das Apostelkonzil in Jerusalem

Es kamen einige Leute von Judäa herab und lehrten die Brüder: „Wenn ihr euch nicht nach dem Brauch des Mose beschneiden laßt, könnt ihr nicht gerettet werden." Nach großer Aufregung und heftigen Auseinandersetzungen zwischen ihnen und Paulus und Barnabas beschloß man, Paulus und Barnabas und einige andere von ihnen sollten wegen dieser Streitfrage zu den Aposteln und Ältesten nach Jerusalem hinaufgehen. Sie wurden von der Gemeinde feierlich verabschiedet. Bei ihrer Ankunft in Jerusalem wurden sie von der Gemeinde und von den Aposteln und den Ältesten empfangen. Sie erzählten alles, was Gott mit ihnen zusammen getan hatte. Da erhoben sich einige aus dem Kreis der Pharisäer, die Christen geworden waren, und sagten: „Man muß von ihnen fordern, das ganze Gesetz des Mose zu halten."

Die Apostel und die Ältesten setzten sich zusammen, um die Frage zu prüfen. Als ein heftiger Streit entstand, erhob sich Petrus und sagte zu ihnen: „Brüder, Gott hat schon längst hier bei euch die Entscheidung getroffen, daß die Heiden durch meinen Mund das Wort des Evangeliums hören und zum Glauben gelangen sollen. Und Gott, der die Herzen kennt, bestätigt dies, indem er ihnen ebenso wie uns den Heiligen Geist gab. Er machte keinerlei Unterschiede zwischen uns und ihnen; denn er hat die Herzen durch den Glauben gereinigt. Warum stellt ihr also jetzt Gott auf die Probe und legt den Jüngern eine Last auf, die weder unsere Väter noch wir tragen konnten? Wir glauben im Gegenteil, durch die Gnade Jesu, des Herrn, gerettet zu werden, auf die gleiche Weise wie jene."

Da schwieg die ganze Versammlung. Und sie hörten Barnabas und Paulus zu, als sie erzählten, welch große Zeichen und Wunder Gott durch sie unter den Heiden getan hatte.

Als sie geendet hatten, sagte Jakobus: „Brüder, hört mich an! Petrus hat berichtet, daß Gott selbst eingegriffen hat, um die Heiden zum Glauben zu führen. Das haben schon die Propheten gesagt. Darum halte ich es für richtig, den Heiden keinerlei Last aufzulegen."

Da beschlossen die Apostel und Ältesten zusammen mit der ganzen Gemeinde, Männer aus ihrer Mitte auszuwählen und sie mit Paulus und Barnabas nach Antiochia zu senden.

Und sie zogen nach Antiochia, riefen die Gemeinde zusammen und berichteten von dieser Entscheidung. Die Brüder freuten sich über diese Ermunterung.

(nach Apg 15)

151

Die Predigt des Paulus in Athen

Paulus sagte zu den Athenern: „Athener, nach allem, was ich sehe, seid ihr besonders fromme Menschen. Denn als ich umherging und mir eure Heiligtümer ansah, fand ich auch einen Altar mit der Aufschrift: EINEM UNBEKANNTEN GOTT. Was ihr verehrt, ohne es zu kennen, das verkünde ich euch. Gott, der die Welt erschaffen hat und alles in ihr, er, der Herr über Himmel und Erde, wohnt nicht in Tempeln, die von Menschenhand gemacht sind. Er läßt sich auch nicht von Menschen bedienen, als brauche er etwas: er, der allen das Leben, den Atem und alles gibt. Er hat aus einem einzigen Menschen alle Menschen erschaffen, damit sie die ganze Erde bewohnen. Sie sollten Gott suchen, ob sie ihn ertasten und finden könnten; denn keinem von uns ist er fern. Denn in ihm leben wir, bewegen wir uns und sind wir, wie auch einige von euren Dichtern gesagt haben: Wir sind von seiner Art. Da wir also von Gottes Art sind, dürfen wir nicht meinen, Gott sei ein Gebilde menschlicher Kunst und Erfindung. Gott läßt jetzt den Menschen verkünden, daß überall alle umkehren sollen. Denn er hat einen Tag festgesetzt für das gerechte Gericht über die Erde, durch einen Mann, den er dazu bestimmt und vor allen dadurch ausgewiesen hat, daß er ihn von den Toten auferweckte."

Als sie von der Auferstehung der Toten hörten, spotteten die einen, andere aber sagten: „Darüber wollen wir dich ein andermal hören."

(nach Apg 17)

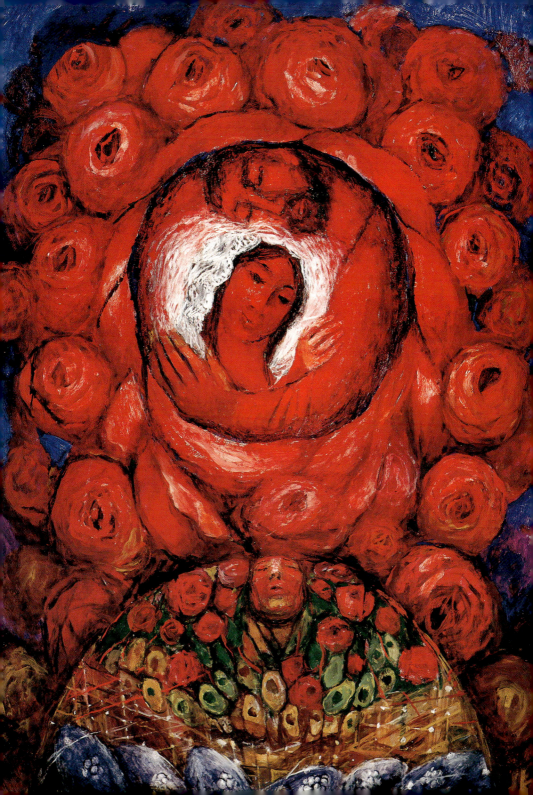

Aus den Briefen des Paulus

Über die Auferweckung Christi

Denn vor allem habe ich euch überliefert, was auch ich
empfangen habe:
Christus ist für unsere Sünden gestorben,
gemäß der Schrift,
und ist begraben worden.
Er ist am dritten Tag auferweckt worden,
gemäß der Schrift,
und erschien dem Kephas, dann den Zwölf.
Danach erschien er mehr als fünfhundert Brüdern
zugleich; die meisten von ihnen sind noch am Leben,
einige sind gestorben. Danach erschien er dem Jakobus,
dann allen Aposteln. Als letztem von allen erschien er
auch mir, der „Mißgeburt". Denn ich bin der geringste
von den Aposteln; ich bin nich wert, Apostel genannt zu
werden, weil ich die Kirche Gottes verfolgt habe. Doch
durch Gottes Gnade bin ich, was ich bin. Mehr als sie
alle habe ich mich abgemüht - nicht ich, sondern die
Gnade Gottes zusammen mit mir. Ob nun ich verkündige oder die anderen: das ist unsere Botschaft, und das
ist der Glaube, den ihr angenommen habt.
(nach 1 Kor 15,3-11)

Die Gemeinde und ihre Dienste

Angesichts des Erbarmens Gottes ermahne ich euch,
meine Brüder, euch selbst als lebendiges und heiliges
Opfer darzubringen, das Gott gefällt; das ist für euch der
wahre und angemessene Gottesdienst. Gleicht euch
nicht dieser Welt an, sondern wandelt euch und erneu-
ert euer Denken, damit ihr prüfen und erkennen könnt,
was der Wille Gottes ist: was ihm gefällt, was gut und
vollkommen ist.

Strebt nicht über das hinaus, was euch zukommt, sondern strebt danach, besonnen zu sein, jeder nach dem Maß des Glaubens, das Gott ihm zugeteilt hat. Denn wie wir an dem einen Leib viele Glieder haben, aber nicht alle Glieder denselben Dienst leisten, so sind wir, die vielen, ein Leib in Christus, als einzelne aber sind wir Glieder, die zueinander gehören. Wir haben unterschiedliche Gaben, je nach der uns verliehenen Gnade. Hat einer die Gabe prophetischer Rede, dann rede er in Übereinstimmung mit dem Glauben; hat einer die Gabe des Dienens, dann diene er. Wer zum Lehren berufen ist, der lehre; wer zum Trösten und Ermahnen berufen ist, der tröste und ermahne. Wer gibt, gebe ohne Hintergedanken; wer Vorsteher ist, setze sich eifrig ein; wer Barmherzigkeit übt, der tue es freudig.
(nach Röm 12,1-8)

Das Hohelied der Liebe
Wenn ich in den Spachen der Menschen und Engel
redete, hätte aber die Liebe nicht,
wäre ich dröhnendes Erz oder eine lärmende Pauke.
Und wenn ich prophetisch reden könnte
und alle Geheimnisse wüßte
und alle Erkenntnisse hätte;
wenn ich alle Glaubenskraft besäße
und Berge damit versetzen könnte,
hätte aber die Liebe nicht,
wäre ich nichts.
Und wenn ich meine ganze Habe verschenkte
und wenn ich meinen Leib dem Feuer übergäbe,
hätte aber die Liebe nicht,
nützte es mir nichts.

Die Liebe ist langmütig,
die Liebe ist gütig.

Sie ereifert sich nicht,
sie prahlt nicht
und bläht sich nicht auf.
Sie handelt nicht ungehörig,
sucht nicht ihren Vorteil,
läßt sich nicht zum Zorn reizen,
trägt das Böse nicht nach.
Sie freut sich nicht über das Unrecht,
sondern freut sich an der Wahrheit.
Sie erträgt alles,
glaubt alles,
hofft alles,
hält allem stand.

Die Liebe hört niemals auf.
Prophetisches Reden hat ein Ende,
Zungenreden verstummt,
Erkenntnis vergeht.
Denn Stückwerk ist unser Erkennen.
Stückwerk unser prophetisches Reden;
wenn aber das Vollendete kommt,
vergeht alles Stückwerk.
Als ich ein Kind war,
redete ich wie ein Kind,
dachte wie ein Kind
und urteilte wie ein Kind.
Als ich ein Mann wurde,
legte ich ab, was Kind an mir war.

Jetzt schauen wir in einen Spiegel
und sehen nur rätselhafte Umrisse,
dann aber schauen wir von Angesicht zu Angesicht.
Jetzt erkenne ich unvollkommen,
dann aber werde ich durch und durch erkennen,
so wie ich auch durch und durch erkannt worden bin.

Für jetzt bleiben Glaube, Hoffnung, Liebe, diese drei;
doch am größten unter ihnen ist die Liebe.
(nach 1 Kor 13)

Das himmlische Jerusalem

*Ganz am Schluß erzählt die Bibel, wie die Welt sein könnte,
wenn die Menschen sich wirklich Gott zuwenden: Die
Bibel erzählt es in Bildern, wie wir sie aus Träumen
kennen. Manches davon könnte heute schon Wirklichkeit
sein, wenn wir Tränen trocknen, Frieden schließen, keine
Gewalt anwenden, Armen und Kranken helfen ...
Ein Christ am Ende des 1. Jahrhunderts, er hieß Johannes,
hat uns seinen Traum von einer anderen besseren Welt
aufgeschrieben.*

Gott wohnt unter den Menschen

Ich sah einen neuen Himmel und eine neue Erde. Ich
sah die heilige Stadt, das neue Jerusalem, vom Himmel
herabkommen. Sie war schön wie eine Braut, die sich
für ihren Mann geschmückt hat. Und ich hörte eine
Stimme rufen: In dieser Stadt wohnt Gott unter den
Menschen. Er wird immer bei ihnen sein. Alle Tränen
wird er von ihren Augen abwischen. Es wird keinen Tod
und keine Krankheit mehr geben, keine Trauer, keine
Klage. Denn ich mache alles neu.
Die ganze Stadt ist erfüllt von der Herrlichkeit Gottes.
Sie glänzt wie ein kostbarer Edelstein. Ihre zwölf Tore
sind schön wie Perlen, ihre Straßen glänzen wie reines
Gold. Einen Tempel gibt es in der Stadt nicht mehr.
Denn Gott selbst wohnt unter den Menschen. Die Stadt
braucht weder Sonne noch Mond, die ihr leuchten.
Denn Gott selbst macht sie hell. Ihre Tore werden den
ganzen Tag nicht geschlossen, Nacht wird es dort nicht

mehr geben, niemand muß mehr Angst haben. Die Völker werden mit all ihrer Pracht und all ihren Kostbarkeiten in die Stadt einziehen.

Mitten in der Stadt, am Thron Gottes, entspringt ein Fluß mit dem Wasser des Lebens. An seinen Ufern stehen Bäume des Lebens. Zwölfmal tragen sie Früchte, jeden Monat einmal. Und die Blätter der Bäume dienen zur Heilung der Völker. In der Stadt wird es nichts Böses mehr geben, keinen Streit und keinen Krieg. Die Menschen aller Völker können in Sicherheit miteinander leben und mit ihrem Gott.

(nach Offb 21)

Den Traum vom himmlischen Jerusalem erzählt die Bibel in Bildern, die den Bildern der Paradiesgeschichte ähneln: die Flüsse mit dem Wasser des Lebens, die Bäume des Lebens mit ihrem Reichtum an Früchten, der Friede und die Sicherheit, die aus der Gemeinschaft der Menschen mit Gott kommen.

Ja, es kann so sein, wie Gott unsere Welt gemeint hat.

Ja, es wird so sein.

Namen und Abkürzungen der verwendeten biblischen Bücher

Gen	Das Buch Genesis
Ex	Das Buch Exodus
Lev	Das Buch Levitikus
Dtn	Das Buch Deuteronomium
Ri	Das Buch der Richter
1 Sam	Das erste Buch Samuel
2 Sam	Das zweite Buch Samuel
1 Kön	Das erste Buch der Könige
Ps	Die Psalmen
Jes	Das Buch Jesaja
Jer	Das Buch Jeremia
Mi	Das Buch Micha
Jona	Das Buch Jona
Mt	Das Evangelium nach Matthäus
Mk	Das Evangelium nach Markus
Lk	Das Evangelium nach Lukas
Joh	Das Evangelium nach Johannes
Apg	Die Apostelgeschichte
Röm	Der Brief an die Römer
1 Kor	Der erste Brief an die Korinther
Phil	Der Brief an die Philipper
Offb	Die Offenbarung des Johannes

Bildtitel

Titelbild: König David

13 Sintflut und Arche (Hungertuch 1995/96)

33 Mirjam tanzt (Hungertuch 1995/96)

53 „Du deckst mir den Tisch" (Ps 23) (Privatbesitz)

57 „Das hier hat deine Lippen berührt" (Jes 6). Berufung des Jesaja (Privatbesitz)

61 „Ein Reis wird hervorgehen aus dem Stumpf Isais" (Jes 11). Synodenrose Diözese Rottenburg-Stuttgart (Privatbesitz)

69 Ihre Kinder wird man auf den Knien schaukeln (Jes 66) (Privatbesitz)

77 Betlehem-Efrata, aus dir wird einer hervorgehen (Mi 5) (Wasseralfinger Altar)

81 Der Mund kann lachen, wenn das Herz auch traurig ist (Privatbesitz)

93 Und das Wort ist Fleisch geworden (Joh 1)

105 Ein Blinder wird zu Jesus gebracht (Ausschnitt aus „am Teich Betesda") (Hungertuch 1995/96)

109 Er wurde vor ihren Augen verklärt (Mk 9) (Privatbesitz)

117 Tischgemeinschaft mit den Armen (Hungertuch 1995/96)

129 Meine Seele ist zu Tode betrübt (Mt 26). Am Ölberg (Privatbesitz)

133 Der Hahn des Petrus

141 In der Morgendämmerung des ersten Tags (Mt 28). Der Gang zum Grab am Ostermorgen (Wasseralfinger Altar, Ausschnitt)

153 Ursprung und Vollendung

Bildrechte

Sieger Köder, Ellwangen: Titelbild, 53, 57, 61, 69, 77, 81, 93, 109, 129, 133, 141, 153

Misereor, Aachen: 13, 33, 105, 117

Bibeltexte

Dieter Bauer, Wolfgang Baur, Bettina Eltrop, Markus Fels, Wolfgang Hein, Franz-Josef Ortkemper
(Katholisches Bibelwerk, Stuttgart)
Die biblischen Texte sind frei nach der Einheitsübersetzung der Heiligen Schrift erzählt.
Rechte der Einheitsübersetzung:
© 1980, Katholische Bibelanstalt, Stuttgart

Bildnachweis

Foto-Baur, Aalen: Titelbild, 53, 57, 77, 141

Misereor, Aachen: 13, 33, 105, 117

Schwabenverlag AG, Ostfildern: 61, 69, 81, 93, 109, 129, 133, 153

160